Christian Hawellek

Marte Meo im Überblick

Herstellung und Verlag:
BoD - Books on Demand, Norderstedt
ISBN 978-3-7412-2429-4

In Erinnerung an Hans Honders.

Inhalt

Zum Gebrauch des Buches 4

Marte Meo 6

Videobilder: Brücken zwischen Ideen und Wirklichkeit ... 8

Entwicklung unterstützen: Das Marte Meo Modell 17

Unterstützung entwickeln: Die Marte Meo Methode 29

Arbeitsmaterialien 45

Beobachtungsfenster zur Einschätzung und
Unterstützung von Entwicklungsschritten (Checklisten). 45

Vorschläge für Mustervereinbarungen zur Erstellung und
Nutzung der Videoaufnahmen 73

Marte Meo Weiterbildungen 77

Anmerkungen 79
Literatur 94
Zum Autor 101

Zum Gebrauch des Buches

Marte Meo ist eine mittlerweile bekannte und verbreitete[1] beobachtungsgeleitete Methode, Menschen in ihren Entwicklungs- und Lernprozessen und bei der Bewältigung von Problemen zu unterstützen.
Die Fachliteratur zu Marte Meo ist in den letzten Jahren deutlich angewachsen.[2] Die Begründerin von Marte Meo, Maria Aarts, hat immer Wert darauf gelegt, dass ihre Bücher für die Leser verständlich geschrieben sind. Aus diesem Grunde sind dort Fachbegriffe und Fremdworte kaum zu finden. In dieser Tradition steht ebenfalls das Einführungsbuch von Mette Isager.[3] Dem gegenüber stehen die Bücher anderer Autoren[4], die eher einen Anschluss an die bestehende theoretische und wissenschaftliche Literatur gesucht haben.[5]
Der vorliegende Text versteht sich als ein „Kennenlernbuch" für alle Leserinteressen.
Es versucht daher, beides miteinander zu verbinden:

Der erste Teil beschreibt das Modell und die Methode von Marte Meo. Der Text bemüht sich um Verständlichkeit und Einfachheit in den Formulierungen. Damit entspricht er der Forderung von Maria Aarts, dass die Informationen über Marte Meo möglichst allgemeinverständlich sein sollten.
Er knüpft ebenfalls an die Bemerkung eines meiner geschätzten Lehrer an:
„Viele Sätze, unter der Markenartikelbezeichnung ‚Wissenschaft' gedruckt und verkauft, haben Ähnlichkeit mit Särgen. Was drin liegt stimmt und – fast hätte ich, vom

Stabreim verführt ‚stinkt' geschrieben, aber selbst das wäre zu viel. Es hat überhaupt keine Funktion, außer der richtig zu sein und steril dazuliegen. (...)
Dass Wissenschaft Auseinandersetzung mit Sachverhalten ist, haben wir gelernt. Dass sie Auseinandersetzung mit Lesern ist, (noch) nicht" (Jürgen Henningsen).[6]
Die Fußnoten sind für diejenigen von den Lesern und Leserinnen gedacht, die dennoch an weiterführenden theoretischen Ausführungen und Hinweisen interessiert sind und Anregungen von wissenschaftlichen und theoretischen Texten erwarten.

Im zweiten Teil des Buches befinden sich verschiedene Arbeitsmaterialien. Dazu gehören sog. Checklisten, die helfen geeignete Momente in Videoclips für die Präsentationen in den Marte Meo Beratungen aufzuspüren. Die Checklisten orientieren sich an typischen Problemen in alltäglichen sozialen Beziehungen, speziell in den Eltern – Kind –Beziehungen, die häufig Anlass für das Aufsuchen professioneller Hilfen sind.

Weitere Arbeitsmaterialien sind Beispiele für Vereinbarungen über die Durchführung von Marte Meo Beratungen und den Umgang mit dem Videomaterial. Ferner gibt es einen Überblick über den Aufbau von Marte Meo Weiterbildungen so wie Anmerkungen und Literaturhinweise.

Marte Meo

Der Begriff Marte Meo bezeichnet eine Erfahrung, die Menschen machen, wenn sie etwas aus eigener Kraft erreicht haben. Bei kleinen Kindern kann man gut beobachten, wie stolz sie sind, wenn sie etwas ohne Hilfe geschafft haben, etwa wenn sie zum ersten Mal einige Meter alleine mit dem Fahrrad gefahren sind. Sie können es dann kaum abwarten, es ein zweites und drittes Mal zu tun. Ihre Energie ist nun darauf gerichtet, diese gute neue Erfahrung zu wiederholen und damit zu festigen. Daran wird deutlich, dass die Bezeichnung „Marte Meo" das Kernelement positiver und aktivierender Entwicklungen bezeichnet[7], die Erfahrung nämlich, aus eigener Kraft etwas zu erreichen und zu bewirken.

Die Wiederholungen von denen in unserem Beispiel die Rede ist, werden von Erfolgen, aber auch von Unsicherheiten und Rückschlägen etwa bei neuen Herausforderungen begleitet. Eine solche Herausforderung kann z.B. eine andere Wegstrecke auf unvertrautem Untergrund sein. Wenn Kinder lernen, etwas Neues aus eigener Kraft zu tun, werden sie meistens von vertrauten älteren Personen, häufig von ihren Eltern, begleitet und unterstützt. Sobald ein Kind eine neue Herausforderung meistert, sucht es den Blickkontakt mit den Eltern und möchte die Erfahrung, es alleine geschafft zu haben, mit ihnen teilen. Auch die Eltern genießen die neuen Schritte, die ihr Kind macht und sagen und zeigen dem Kind, dass sie stolz sind und sich mit ihm freuen. Bei den unvermeidlichen kleineren Rückschlägen spenden sie Trost und sagen, was das

Kind beim nächsten Mal anders machen kann, um erfolgreich zu sein. Die Unterstützung der Eltern ist abhängig von der Situation „so viel wie nötig, so wenig wie möglich". Eine solche Dosierung von Hilfe macht es dem Kind möglich, seinen eigenen Entwicklungsschritt auszukosten.

Die Idee der Entwicklung von Kindern sowie generell die von Menschen, verbunden mit der Frage danach, wie Entwicklungsprozesse gezielt unterstützt und gefördert werden, zieht sich wie ein roter Faden durch Praxis und Theorie der Marte Meo Arbeit.[8]
Die besondere Beachtung von Entwicklungsprozessen taucht unter anderen Bezeichnungen ebenfalls in vielen anderen pädagogischen und therapeutischen Richtungen auf, z.B. wenn dort von Wachstum,[9] Lernen[10] oder auch von Reifung[11] gesprochen wird. Hand in Hand mit der Frage, wie genau Entwicklungsprozesse unterstützt und gefördert werden können, geht die Frage, wie die dazu nötigen Unterstützungsformen entwickelt werden können.
Um Antworten auf beide Fragen geht es in dem vorliegenden Text. Das Wissen darüber, wie Entwicklung im Alltag unterstützt wird bildet die Grundlage sozusagen das „Denkmodell" von Marte Meo. Das Wissen darüber wie Unterstützungsformen in konkreten Situationen und Momenten entwickelt werden, ist das methodische Knowhow von Marte Meo[12].

Im Überblick:

Marte Meo beschreibt die Erfahrung, die Menschen machen, wenn sie etwas aus eigener Kraft erreichen. Diese Erfahrung führt zu einer Erhöhung von:

- Motivation
- Eigeninitiative und –aktivität
- Selbstvertrauen.

Videobilder: Brücken zwischen Ideen und Wirklichkeit

Unser kleines Beispiel vom Erlernen des Fahrradfahrens zeigt auch, dass die Unterstützung der kindlichen Entwicklungsschritte immer davon abhängt, ob und wie die Eltern ihr Verhalten mit dem der Kinder abstimmen, um sie beim nächsten Entwicklungsschritt zu begleiten. Mit jedem neuen Schritt passt sich das unterstützende Verhalten der veränderten Situation an. Es wird an jede Situation neu angepasst, sozusagen aktualisiert. Die Informationen, die jedem „Upgrade" des unterstützenden Verhaltens zugrunde liegen, stammen jeweils aus den Erfahrungen in der aktuellen gemeinsamen Situation.
Damit die Upgrades gelingen können, muss also die jeweils aktuelle Situation in den Blick genommen werden. Dies erfordert eine wache Aufmerksamkeit insbesondere

für die aktuellen Veränderungen und kleinen Fortschritte. Eine große Hilfe bei der Wahrnehmung solcher Veränderungen sind Videobilder von Alltagssituationen, mit deren Hilfe sichtbar und nachvollziehbar wird, was sich ereignet und nachfühlbar, welche Erfahrungen die Beteiligten, die per Video aufgenommen wurden, in der aufgezeichneten Situation machen[13].

Im Überblick:

Eine zentrale Frage des entwicklungsorientierten Denkens bei Marte Meo ist die Frage, wie
die kindlichen Initiativen bzw. (Re-) Aktionen und die elterlichen Initiativen bzw. (Re-) Aktionen in einer gemeinsamen Situation aufeinander abgestimmt sind, d.h. wie sie in gemeinsamen Momenten zueinander *passen.*

Etwas allgemeiner formuliert lässt sich sagen, dass Marte Meo dazu beiträgt, persönliche, soziale und Handlungskompetenzen gezielt zu erkennen, zu entwickeln und zu erweitern. Kompetenz ist eine abstrakte Beschreibung, der im Deutschen der Begriff der Fähigkeit entspricht. Eine Fähigkeit als solche kann man nicht sehen, man kann nur darauf schließen, wenn man eine Aktion oder das Ergebnis einer Aktion sieht, die auf diese Fähigkeit schließen lässt. Wenn soziale oder andere Vorgänge beobachtet werden, sieht man nur diejenigen Fähigkeiten oder Kompetenzen, die „in Aktion" sind. In der deutschen Sprache gibt es dafür die Bezeichnung der „Fertigkeit."[14] Fertigkeiten können beobachtet werden. Aus einer Reihe ähnlicher Beobachtungen wird dann auf eine „Fähigkeit" oder „Kompetenz" geschlossen. Diese ist genau genommen eine Erwartung an einen Menschen, in einer bestimmten Situation eine Leistung zu erbringen, die eben dieser „Fähigkeit" entspricht.

So wird beispielsweise von einem Fußballer eine Leistung erwartet, die den Vorerfahrungen mit ihm entspricht. Seine bisher gezeigten Leistungen tragen zu dem Erwartungsbild seiner Fähigkeit oder fußballerischen Kompetenz bei. Derartige Erwartungsbilder können recht stabil sein, wenn etwa davon die Rede ist, dass er „einen schlechten Tag erwischt hat", „weit unter seinen Möglichkeiten" spielt oder auch „weit über sich hinausgewachsen" ist.

Erwartungsbilder von Menschen kommen dem menschlichen Bedürfnis entgegen, sich in sozialen Situationen schnell zu orientieren. In sozialen Einrichtungen wie Kindergärten, Schulen oder auch Pflegeeinrichtungen entwickeln sich derartige Erwartungen in recht kurzer Zeit, besonders dann, wenn es um „Problemfälle" geht.

Die Verantwortlichen einigen sich dann schnell darauf, dass hier eine besondere Hilfe, z.B. eine „Therapie" vonnöten ist. Diejenigen, die ein Problem haben bzw. bereiten, werden in der Folge häufig einer professionellen Einschätzung unterzogen und bekommen eine „Diagnose", die ein

Erwartungsbild mit einem Fachterminus belegt und u.U. dauerhaft festschreibt. „Er ist hochbegabter Autist" könnte eine solche Festschreibung sein.[15]

Bei der Marte Meo Arbeit wird das Verhalten und Handeln von Personen in Alltagssituationen beobachtet. Was man in den Videobildern sehen kann, sind die (Re-) Aktionen bzw. Fertigkeiten dieser Personen in konkreten Situationen und Momenten. Anstelle von „Kompetenzen" sind Wiederholungen ähnlicher Beziehungs- und Gesprächsmuster oder auch das Ausbleiben förderlicher Kommunikation[16] zu sehen. Fertigkeiten, die genügend oft und zuverlässig gezeigt werden, können dann als „Kompetenzen" beschrieben und bewertet werden.[17]
Die wesentliche Voraussetzung für die genaue Beobachtung einzelner Momente der Kommunikation ist die Entwicklung der Videotechnik in den letzten Jahrzehnten.

Die traditionellen bekannten beraterischen und therapeutischen Methoden beruhen weitgehend auf unterschiedlichen Formen der Gesprächsführung[18]. Sie sind von Persönlichkeiten entwickelt worden, denen die Möglichkeiten der modernen Videotechnik noch nicht in vollem Umfang zur Verfügung standen.
Vor diesem Hintergrund entstanden auch verschiedene supervisorische Verfahren, um ein Feedback über die Qualität der Betreuungs- oder Beratungsarbeit zu geben und Anregungen für die Gestaltung des Weiteren professionellen Vorgehens zu bekommen.[19] Dabei wurde zumeist aus der Erinnerung über die Beobachtungen gesprochen,

ohne sie vor Augen zu führen. Die erinnerten Beobachtungen wurden dann professionell eingeordnet, bewertet und mit einem Fachbegriff bezeichnet. Die Fachbegriffe bestimmten die Gespräche der Fachleute und die Empfehlungen für Maßnahmen, die dann folgten. Ab den sechziger Jahren wurde damit begonnen, zuerst Tonbandaufnahmen und später Videoaufnahmen für die Weiterbildung und Supervision von Therapeuten zu benutzen. Die Klienten wurden in die Arbeit mit den Videoclips nicht einbezogen.

Die Idee, Klienten selber Videobilder aus ihrem Alltagsleben zu zeigen, die ihnen helfen sollten, positive Veränderungen herbeizuführen, wurde in größerem Umfang zuerst in den Niederlanden umgesetzt. Für dieses Vorgehen stand ab den frühen achtziger Jahren des vergangenen Jahrhunderts zuerst das „Orion Projekt", später dann das Video Home Training und schließlich die Marte Meo Methode Pate.[20] Mit dieser Weiterentwicklung bekamen die Beratungsgespräche eine neue Qualität. Berater und Klienten erhielten die Möglichkeit, gemeinsam diejenigen Situationen zu sehen, in denen Probleme auftraten oder auftreten konnten. Bei diesem Vorgehen bilden die Videoclips die wichtigste Informationsquelle, auf die sich Berater und Klient beziehen. Beide sind somit nicht mehr lediglich auf Berichte und Schilderungen angewiesen, zumal diese auch leicht missverstanden werden können.[21] Derartige Missverständnisse entstehen dann leichter, wenn statt eines gemeinsamen Blickes auf eine konkrete gemeinsame

Situation lediglich die Erinnerungen daran zur Verfügung stehen.

In den Videobildern wird eine vergangene soziale Situation der Klienten wieder vergegenwärtigt und im Rahmen der Beratung neu präsentiert. Das Gespräch darüber, welche Momente und Gelegenheiten unterstützend sind und dazu beitragen können, ein mögliches zukünftiges Problem zu lösen, ist Gegenstand einer Marte Meo Beratung. War die traditionelle Beratungsarbeit sehr auf die Sprache und das Sprechen über Probleme und Möglichkeiten der Veränderung bezogen, nutzt Marte Meo darüber hinaus die „Kraft der Bilder."[22] Besonders für diejenigen Klienten, die nicht so geübt und erfahren sind, sich sprachlich auszudrücken, sind Videobilder eine große Hilfe. Zu dieser Gruppe gehören Babys und Kleinkinder, die sich gegenüber ihren Eltern verständlich machen möchten,[23] Menschen mit Behinderungen oder dementiellen Einschränkungen so wie im allgemeinen Menschen mit Sprachbarrieren. In diesen Arbeitsfeldern können Betreuer wie Betreute besonders von Marte Meo profitieren.[24]

Im Gegensatz zu Berichten und Erzählungen werden Bildinformationen anders erinnert, sie bleiben eher im Gedächtnis haften.[25] Wenn jemand eine Geschichte erzählt, wird beim Zuhörenden die Fantasietätigkeit angeregt. Er geht in ein „inneres Kino" und stellt sich das vor, was der andere erzählt. Die Lektüre von spannenden Romanen und das Hören von interessanten Geschichten belegt, dass dieses eine sehr inspirierende und anregende Erfahrung sein kann. Sie bezieht ihre Spannung aus den Vorstellungen, die der Text bei den Lesern anregt.

Von dieser Erfahrung kann jeder wiederum nur erzählen, denn das eigene „innere Kino" selbst ist und bleibt nur dem jeweils einzelnen zugänglich. Videobilder dagegen bilden eine Informationsquelle, die außerhalb der Erfahrung Einzelner steht. Im Gegensatz zu den „inneren Kinobildern" können Videobilder immer wieder betrachtet werden, ohne durch Erinnerungsarbeit und die Erzählweise verändert zu werden.[26]

Die Videotechnik hat sich in den letzten Jahren auf beeindruckende Weise weiter entwickelt. Ein Beispiel liefern die Mikroanalysen in Super – Slow – Motion bei Sportübertragungen im Fernsehen. Der Zuschauer kann Abläufe studieren und kleine Ereignisse aufnehmen, die dem bloßen Auge verborgen bleiben. Insofern kann mit Fug und Recht die Rede davon sein, dass die Videotechnik den Beobachtern eines Geschehens völlig neue Informationen zugänglich macht und damit eine neue Welt eröffnet. Eine ähnliche technische Neuerung war seinerzeit die Erfindung der Mikroskopie, die einen ganz neuen Kosmos, den Mikrokosmos, erschlossen hat.[27]

Die Marte Meo Methode nutzt die neuen videotechnischen Möglichkeiten, indem sie kleine Momente entwicklungsunterstützender Kommunikation oder auch Gelegenheiten dazu aufspürt. Sie hilft den Betrachtern, sich zwischen den Erinnerungen an eine Situation und der nachträglichen Beobachtung dieser Situation neu zu orientieren. Erinnerungen an soziale Situationen sind zumeist an kleine oder auch größere Ereignisse gebunden, die sozusagen als *erinnernswert* abgespeichert werden. Die gewohnten und als normal empfundenen alltäglichen Abläufe, die den breiten Strom unserer Alltagserfahrungen ausmachen, werden meistens vergessen, wenn keine Besonderheiten positiver oder negativer Art darin vorkommen. Ein weiterer Unterschied in der Erinnerung besteht darin, ob wir etwas als erledigt oder unerledigt registrieren.[28] Erfahrungen, die mit starken Gefühlen verbunden sind, werden meistens leichter erinnert.[29]

Damit wird klar, dass Erinnerungen über zurückliegende Situationen immer lückenhaft sind, dennoch aber die Erwartungen an neue ähnliche Situationen prägen. Daher kann man in diesem Zusammenhang auch von „Erwartungsmodellen"[30] sprechen. Solche Erwartungsmodelle sind durchaus sinnvoll, wenn sie dabei helfen, bisherige Erfahrungen konstruktiv zu nutzen oder auch negative Erfahrungen zu vermeiden.

Aus manchen dieser Modelle werden auch sprichwörtliche Lebensweisheiten, z.B. *„Wer einmal lügt, dem glaubt man nicht, und wenn er auch die Wahrheit spricht!"* Dieser Spruch weist zugleich auf die negative Seite festgefügter Erwartungen hin: der mangelnden Offenheit für mögliche Ausnahmen von der Erwartung, z.B. dass jemand, der als Lügner aufgefallen ist, in einer anderen Situation durchaus die Wahrheit sagen kann. Diese Modelle weisen eine gefährliche Nähe zu Vorurteilen und Stereotypen auf, aus denen schnell auch Feindbilder[31] entstehen können. Festgefügte Erwartungsmodelle entstehen besonders leicht in sehr vertrauten und gewohnten Beziehungen wie langjährigen Paarbeziehungen oder auch Eltern – Kind- Beziehungen.

Videobilder helfen dabei, das scheinbar Vertraute in ein neues Licht zu rücken, insbesondere wenn positive Momente und Entwicklungsmöglichkeiten besonders beachtet werden. Auf welche Weise das geschieht, wird in Kapitel 3 ausführlicher dargestellt.

Im Überblick:

- Videobilder vermitteln die Qualität, das *Wie* eines Kommunikationsmomentes. Sie zeigen damit das Besondere und Einmalige einer sozialen Situation.
- Videobilder können beim Betrachter Spiegelneuronen aktivieren und so Einfühlung und Verständnis für diejenigen Personen ermöglichen, die betrachtet werden.
- Videobilder sprechen das prozedurale Gedächtnis an, in dem Fertigkeiten und Handlungsabläufe gespeichert sind. Diese werden nachhaltiger erinnert als Berichte oder Beschreibungen.

Entwicklung unterstützen: Das Marte Meo Modell

Zum Allgemeingut des Wissens über den Menschen gehört seit alters her, dass der Mensch als ein soziales Wesen[32] auf die menschliche Gemeinschaft hin angelegt ist. Dies wird am Lebensanfang und auch am Ende des Lebens besonders deutlich denn, sowohl Babys und Kleinkinder wie auch alte und gebrechliche Menschen sind in besonderer Weise auf die Fürsorge der Gemeinschaft, in der sie leben, angewiesen.
Die Erkenntnisse der Babyforschung zeigen in eindrucksvoller Weise[33], dass die Fähigkeit, sich auf die besonderen Entwicklungsbedürfnisse von Babys einzustellen, intuitiven, biologisch verankerten Programmen[34] folgt. Diese sind bei allen nicht beeinträchtigten oder akut belasteten Menschen unabhängig von Alter oder Geschlecht zu beobachten. Diese Kompetenz zu passender Kommunikation[35] geschieht von selbst und muss nicht erlernt werden. Menschen, die sich dabei im Rahmen einer Marte Meo Beratung beobachten sagen sehr häufig, dass sie sich „automatisch" so verhalten, wenn sie z.B. mit einem Baby sprechen.[36] Die Leichtigkeit, mit der unterstützende Kommunikation geschieht und dann „vergessen" wird, weil sie selbstverständlich ist, ähnelt dem Wohlbefinden eines gesunden Körpers, dessen einzelne Funktionen auch nicht besonders registriert werden. Im Gegenteil: Gut funktionierende Abläufe werden „produktiv vergessen." Das hat zur Folge, dass alle Aufmerksamkeit und Energie für eventuell aufkommende Herausforderungen und

Probleme oder Störungen des Ablaufes zur Verfügung steht.[37] Dies scheint auch deshalb sinnvoll, weil die Beseitigung von Störungen im sozialen Miteinander eine hohe Bedeutung für ein glückliches und erfolgreiches Zusammenleben hat.

Das, was in der Kommunikation leicht und ohne Störungen vonstatten geht, muss daher aus „ökologischen" Gründen nicht bemerkt werden, eben *weil* es kein Problem bereitet. Es bekommt damit zugleich eine Art „Tarnkappe von Selbstverständlichkeit" mit der Folge, dass die positiven Grundlagen eines konstruktiven Dialoges verborgen bleiben. Der Betrachter sieht dann „den Wald vor lauter Bäumen nicht." Umgekehrt können einzelne Bäume und Baumgruppen unsichtbar bleiben, weil der Betrachter nur noch den Wald sieht.

So wird ebenfalls verständlich, dass sich die Psychologie während ihrer Entwicklung zu einer wissenschaftlichen Disziplin fast ausschließlich mit problembezogenem Wissen beschäftigt hat, wie eine Metastudie von Themen psychologischer Fachartikel über mehr als 100 Jahre belegt[38].

Diese Entwicklung beginnt sich mit dem Aufkommen ressourcenorientierter Beratungs- und Therapieverfahren allmählich zu verändern[39]. Das problemzentrierte traditionelle Interesse der Psychologie verfolgt das Ziel, psychologische Probleme und ihre erheblichen sozialen Folgen zu beseitigen. Dazu kommt, dass sich Probleme in menschlichen Beziehungen den Blicken der Betrachter aufdrängen. Sie sind nicht zu übersehen, zumal daraus häufig dramatische Konsequenzen wie z.B. Misshandlungen, Verbrechen und Zerstörung entstehen.

Das Marte Meo Modell dagegen nutzt den „Schatz"[40] der natürlichen entwicklungsunterstützenden Dialoge als Vorbilder für eine entwicklungsförderliche und konstruktive Beziehungsgestaltung. Derartige Dialoge gehören zur selbstverständlichen Alltagsrealität und sind -für sich genommen- überhaupt nicht augenfällig.

Nehmen wir als Beispiel die kurze Szene eines Dialoges zwischen einer Mutter und ihrem sechsmonatigen Baby:

*Die Mutter bemerkt, dass ihr Baby, nennen wir es Paul, gerade dabei ist, aufzuwachen. Sie beugt sich über das Baby-Bett, schaut auf Paul, lächelt ihn an und wartet. Paul öffnet langsam die Augen und schaut seiner Mutter ins Gesicht. Er erwidert ihr Lächeln. Die Mutter sagt in einem sanften Ton: „Hey, Du hast ja lange geschlafen! Sie wiederholt mit wechselnder Betonung: „Ja, **Du** hast ja lange geschlafen." Pauls Lächeln verstärkt sich, er sagt „Ähhh". Die Mutter sagt: „Ich habe Dein Fläschchen schon fertig, Du hast bestimmt Hunger, komm" und nimmt ihn aus dem Bett...*

Eine solche Szene wirkt an sich völlig unscheinbar und selbstverständlich. Sie wiederholt sich im Leben von Paul und seiner Mutter so oder so ähnlich viele hunderte Mal[41]. Eine häufige und variantenreiche Wiederholung solcher Beziehungserfahrungen schafft Erwartungen bei Mutter und Kind, die dazu beitragen, dass sich ein Gefühl von Verlässlichkeit und Vertrauen in die gemeinsame Gestaltung ähnlicher Situationen aufbauen kann.

In der beschriebenen kurzen Szene sind verschiedene entwicklungsförderliche Momente enthalten. Diese wiederholen sich in verschiedenen Situationen und geben der Kommunikation in der jeweiligen Situation ihre entwicklungsförderliche Bedeutung. In der Literatur zu Marte Meo werden sie deshalb auch als *Marte Meo Elemente*[42] bezeichnet. Da sie den Beobachtern als selbstverständlich erscheinen und zumeist schnell ablaufen, werden sie in ihrer beziehungsförderlichen Bedeutung in den Momenten, in denen sie geschehen, nicht wahrgenommen. Sie werden nicht wahrgenommen, *weil* alles gut und einvernehmlich abläuft. Diese sich wiederholenden Kommunikationsmuster bilden grundlegende Informationen über entwicklungsunterstützende Kommunikation in Alltagssituationen und damit das Modell der Marte Meo Methode. Das Beispiel von Baby Paul und seiner Mutter ereignet sich in einem Zeitfenster von vielleicht einer Minute. Wäre die Situation auf einem Video aufgezeichnet, könnte man in kleinen Schritten die entwicklungsförderliche Bedeutung der einzelnen Momente in Form einer Videointeraktionsanalyse, also mit den Bildern von Paul und seiner Mutter *Moment für Moment* darstellen. Aus diesem Grund wird die kleine Szene nachfolgend *Moment für Moment*[43] so ähnlich beschrieben, wie es bei einer Marte Meo Videopräsentation vonstatten ginge:

Die Mutter bemerkt, dass ihr Baby Paul, gerade dabei ist, aufzuwachen:

Eine wesentliche Voraussetzung zum Gelingen entwicklungsunterstützender Dialoge ist, dass die sozialen Rollen in der jeweiligen Situation geklärt sind. Dazu gehört beispielsweise, dass es für die Mutter selbstverständlich ist, dass sie in einer gemeinsamen Situation mit ihrem Baby, wenn sie mit ihm allein ist, auch die alleinige Verantwortung für das, was fortan geschieht, innehat[44].
In unserem Beispiel ist die Mutter *aufmerksam* und bemerkt, dass Paul aufwacht. Auch das ist keineswegs selbstverständlich. Viele Bezugspersonen sind -aus unterschiedlichsten Gründen- nicht überwiegend[45] für ihre Kinder aufmerksam. Da Babys noch nicht in der Lage sind, ihre Bedürfnisse und Wünsche zu äußern, sind sie in einem höheren Maße auf aufmerksame Eltern angewiesen als ältere Kinder.

Sie beugt sich über das Baby-Bett, schaut auf Paul, lächelt ihn an und wartet:

Zum intuitiven Wissen von Eltern gehört, dass Babys und kleine Kinder Nähe brauchen, um mit ihnen in Kontakt zu kommen. Aus diesem Grunde beugt sich die Mutter über das Baby-Bett, damit Paul sie sehen kann, wenn er die Augen öffnet. Mit ihrem *guten Gesicht* und ihrem Lächeln sendet die Mutter ein starkes soziales Signal: „Ich freue mich, dich zu sehen." Das gute Gesicht der Eltern ist jedes

Mal eine Bestätigung für das Kind: „Ich bin eine wertvolle Person."

Die Mutter trägt damit wesentlich zu einer *guten Beziehungsatmosphäre* bei. Das gute Klima zwischen Paul und seiner Mutter ermöglicht und befördert den sozial-emotionalen Austausch, d.h. die Bindung[46] zwischen beiden.

Zugleich sorgt die Mutter mit ihrem guten Gesicht für einen *positiven Anfang* der sich entwickelnden gemeinsamen Situation. Ein guter Anfang ist für Paul eine Einladung, an der sozialen Situation mitzuwirken.

Die Mutter wartet darauf, dass Paul die Augen öffnet. Ein aufmerksames *Warten* auf die kindlichen (Re-) Aktionen ermöglicht dem Kind, sich in seinem ganz eigenen Tempo zu äußern. Das Kind kann die Erfahrung machen „Ich habe Zeit für meine eigenen Aktionen und Ideen". Das wiederum ist eine wesentliche Voraussetzung für die Entwicklung eigener Ideen, Initiativen und schöpferischer Impulse.[47]

Paul öffnet langsam die Augen und schaut seiner Mutter ins Gesicht. Er erwidert ihr Lächeln:

Paul schaut in das *freundliche Gesicht* der Mutter. Der Gesichtsausdruck ist neben dem Ton der Stimme die erste bedeutsame soziale Information, an der sich Menschen in einer gemeinsamen Situation orientieren. Ein gutes Gesicht vermittelt die Botschaft willkommen zu sein und eine gute gemeinsame Situation erwarten zu können. Das gute Gesicht wird unmittelbar erfasst und verstanden.[48] Gesunde Babys erwidern ein gutes Gesicht, sodass die Gesprächspartner der Babys ebenfalls eine positive Botschaft erhalten. Auf diese Weise sind die Voraussetzungen für einen guten Dialog gegeben.

Die Mutter sagt in einem sanften Ton: „Hey, Du hast ja lange geschlafen!" Sie wiederholt mit etwas mehr Abwechslung in der Stimme: „Ja, Du hast ja lange geschlafen."

Der sanfte Ton seiner Mutter vermittelt Paul, in welcher Stimmung sich die Mutter in diesem gemeinsamen Moment befindet. Sie beginnt mit einem „Hey", das Paul hilft, seine Aufmerksamkeit auf die Mutter zu richten. Ein solcher „Aufmerksamkeitston" markiert, dass etwas Neues und Interessantes beginnt. Er ist eine Einladung zum Dialog. Dadurch, dass die Mutter die gesamte Situation *benennt,* bekommt Paul die Information, dass seine Mutter eine positive Idee über die gemeinsame Situation hat. Das wiederum heißt, dass Paul die Erfahrung machen kann, dass die Mutter die Situation, ihn und sich selber überblickt und kontrollieren kann.

*Sie wiederholt mit Abwechslung in der Betonung: „Ja, **Du** hast ja lange geschlafen."*

Die intuitive, ein wenig in der Betonung veränderte Wiederholung desselben Satzes unterstützt Pauls Sprachverständnis. Dadurch, dass seine Mutter das „Du" betont, kann Paul erfassen, dass er gemeint ist. Durch eine solche Form der Kommunikation können Kinder erleben, dass sie eigenständige und unabhängige Personen sind. Dies wird möglich, weil sie als eigenständig angesprochen werden. Das Benennen von „Ich" und „Du" verdeutlicht, dass zwei voneinander unabhängige Personen miteinander im Kontakt sind. In diesen Momenten können die Kinder lernen, dass die Mutter ein Gegenüber mit ganz eigenen Verhaltensweisen, Ideen und Wünschen ist. Ebenso lernt das Kind, dass es eine eigene Person ist, die sich von anderen unterscheidet.[49] Es lernt auch, die Unterschiede zu respektieren und wertzuschätzen, denn eine andere Person bringt in Momenten der Begegnung etwas Neues in die jeweils eigene Welt. Ich und Du bilden den Grundrhythmus eines Dialoges und daher die Grundform der menschlichen Verständigung.

Pauls Lächeln verstärkt sich, er sagt „Ähhh".

Paul reagiert mit einem eigenen Gesprächsbeitrag. Er zeigt seiner Mutter, dass er diesen Dialog genießt und dass ihr Gesprächsbeitrag „angekommen" ist.[50] Für die Mutter ist es ein Beleg, dass Paul schon ein verständiger Gesprächspartner ist.

Die Mutter sagt: „Ich habe Dein Fläschchen schon fertig, du hast bestimmt Hunger, komm" und nimmt ihn aus dem Bett...

Die Mutter benennt, was als nächstes geschieht und macht sich damit für Paul und für sich selber vorhersehbar. Indem sie tut, was sie zuvor gesagt hat, sorgt sie bei Paul und bei sich selber für die Erfahrung von Verlässlichkeit und Sicherheit. Paul kann sich auf das, was kommt, einstellen. Damit ist ebenfalls eine Grundlage für eine gute Zusammenarbeit geschaffen. Wenn Paul weiß, was als nächstes geschehen soll, kann er sein Verhalten darauf abstimmen. Damit wiederum wird eine Voraussetzung dafür geschaffen, dass sich Paul als fähig erleben kann, die Situation gemeinsam mit seiner Mutter erfolgreich zu gestalten.

Das kleine Beispiel verdeutlicht, dass sich die entwicklungsförderlichen Momente oder, anders ausgedrückt, die Marte Meo Elemente im spontanen alltäglichen Umgang mit den Kindern verstecken. Sie sind uns so selbstverständlich wie die gute Luft zum Atmen und überall dort zu finden wo Menschen ihren Alltag in Zufriedenheit und Lebensfreude verbringen. Sie sind am besten zu entdecken wenn man positive Beziehungssituationen mit Videointeraktionsanalysen von Moment zu Moment betrachtet und auf diese Weise die Bedeutung der einzelnen Aktionen und Reaktionen in gemeinsamen Situationen erschließt. Unser Beispiel zeigt Momente, in denen die Mutter Pauls Initiativen *folgt.* Die Momente des Folgens dienen der Mutter dazu, ihr Kind und das, was es im Moment beschäftigt kennen zu lernen. Paul kann erfahren, dass die Mutter an ihn und seine Welt angeschlossen ist. Das heißt für ihn, dass er nicht allein ist, dass er und auch das, was er tut, bedeutsam ist. Wenn ein Kind genügend solcher Momente erlebt, entwickelt es Zutrauen zu sich und seinen (Re-) Aktionen. Damit wird die Persönlichkeitsentwicklung nachhaltig unterstützt, denn Paul erfährt sich selbst als handlungsfähig und kompetent.[51]

Kurz nach den Folgemomenten, wenn Paul an seine Mutter angeschlossen ist, wird die Mutter initiativ und sagt ihm, was als nächstes geschieht. Paul kann in diesen Momenten erleben, dass seine Mutter die Situation überschaut und vorhersagt, was als nächstes geschieht. Damit übernimmt die Mutter in den Momenten die *Leitung* und Paul kann sich sicher fühlen und sich seiner Mutter anvertrauen, zumal er erlebt, dass sie auch tut, was sie sagt. Wenn ein Kind genügend solcher Momente erfährt, fühlt es sich in der Beziehung zur Mutter oder zum Vater sicher.

Auf diese Weise ist das familiäre Alltagsleben durch einen Wechsel zwischen Momenten des Folgens und Momenten des (An-) Leitens geprägt. Kinder lernen dadurch, soziale Situationen zu lesen und zu unterscheiden: Es gibt Situationen, in denen die Erwachsenen bestimmen, was geschieht und andere Situationen, in denen die Kinder die Regie führen. Zusammenfassend lässt sich sagen, dass Eltern ihren Kindern gegenüber in unterschiedlichen Situationen verschieden auftreten. Man spricht auch von unterschiedlichen Formen der elterlichen oder auch erzieherischen *Präsenz*[52].

Es lässt sich eine folgende und eine (an-) leitende Präsenz unterscheiden. In Momenten einer folgenden Präsenz unterstützen die Eltern die Kinder dabei, ihre persönlichen Vorlieben und Kompetenzen zu entwickeln. In Momenten einer anleitenden Präsenz unterstützen die Eltern die Kinder dabei, ihre sozialen Kompetenzen zu entwickeln. Durch den auf die jeweilige Situation abgestimmten Wechsel zwischen Folgen und (An-) Leiten erlernen die Kinder in der jeweiligen Situation kompetent zu handeln. Die verschiedenen Formen der elterlichen Präsenz unterstützen Kinder bei ihren beiden grundliegenden Entwicklungsaufgaben: Der Aufgabe, eine eigene Persönlichkeit auszubilden und der Aufgabe, zu lernen, sich in unterschiedlichen sozialen Situationen kompetent zu verhalten.

Im Überblick:

Menschliche Entwicklungsaufgaben und ihre Unterstützung

Die Entwicklung einer eigenen Persönlichkeit, d.h. von *Selbstkompetenz* wird durch eine *folgende* elterliche (erzieherische) Präsenz unterstützt:

Präsenz in *Folgemomenten* zeigt sich
- In einer guten Atmosphäre: Guter Ton, freundliches Gesicht
- In einer klaren Struktur: (Verantwortung durch den Erwachsenen)
- Durch Warten auf eine (kindliche) (Re-) Aktion
- In der Beachtung der (kindlichen) Initiativen (bzw. des kindlichen Aufmerksamkeitsfokus = AF)
- In der Bestätigung der (kindlichen) Initiativen (AF)
- Im Benennen der (kindlichen) Initiativen (AF).

Die Entwicklung von sozialen Fähigkeiten und Fertigkeiten, d.h. *Sozialkompetenz* wird durch eine *(an-) leitende* elterliche (erzieherische) Präsenz unterstützt.

Präsenz in *(An-)Leitungsmomenten* zeigt sich:

- Indem der Erwachsene sagt, was das Kind im nächsten Moment tun kann
- Indem der Erwachsene benennt, was er tun wird
- Indem der Erwachsene die Situation als ganze benennt
- Indem der Erwachsene sagt, was er denkt und fühlt
- Indem der Erwachsene in Kooperationstönen spricht
- Indem der Erwachsene „ich" und „du" sagt
- Indem der Erwachsene ein klares Anfangs- und Endsignal gibt.

Durch den zur Situation *passenden Wechsel* von folgender und anleitender Präsenz
lernen die Kinder, welches Verhalten in welchem Moment passt. So entwickeln sie *Handlungskompetenzen*.

Die Unterstützung von Entwicklungsprozessen durch Erwachsene begleitet das Aufwachsen von Kindern. Es ist aber keineswegs so, dass im alltäglichen Geschehen Eltern oder andere Erwachsene sich durchgehend entwicklungsförderlich verhalten oder verhalten müssten. Wäre

dies der Fall, könnten Kinder nur erschwert lernen, mit Unterschiedlichkeit in den Auffassungen und Vorstellungen und den daraus erwachsenden Konflikten konstruktiv umzugehen. Es wäre schwierig, zu lernen sich abzugrenzen, Auseinandersetzungen auszutragen und sich wieder zu versöhnen.
Es kommt nicht darauf an, (immer) „gute" Eltern (oder Erzieher, Therapeuten usw.) zu sein bzw. das anzustreben, sondern überwiegend, d.h. hinreichend gute Eltern zu sein[53].

Unterstützung entwickeln - Die Marte Meo Methode

Die Marte Meo Methode ist ein Weg, Menschen mit Videobildern Informationen zu vermitteln. Die Informationen sollen sie dabei unterstützen, ihre Ziele in ihrem Alltag aus eigener Kraft und auf die eigene Art und Weise zu erreichen.
Eine Marte Meo Beratung ist eine soziale Dienstleistung, die auf einer Absprache zwischen Berater und Klienten beruht. In dieser Absprache, auch Kontrakt genannt,[54] werden die Ziele, die Dauer, der Ort und der Ablauf der Marte Meo Beratung, die Rahmenbedingungen wie Schweigepflicht und Umgang mit dem Videomaterial so wie ggf. die Kosten festgelegt. Es macht Sinn, den verantwortungsvollen Umgang mit den Videoaufnahmen und damit verbunden mit der Schweigepflicht in Schriftform für alle Beteiligten festzuhalten. Da der Klient mit der Zustim-

mung zu Videoaufnahmen dem Berater einen Vertrauensvorschuss gewährt, ist eine gute und vertrauensvolle Beziehung zwischen Klient und Berater eine unerlässliche Voraussetzung. Wenn eine derartige Grundlage nicht besteht, ist eine Videoberatung nicht angezeigt und unter Umständen sogar schädlich.

Eine weitere wesentliche Grundlage der gemeinsamen Arbeit ist der Auftrag, den der Klient dem Berater erteilt und dem der Berater zustimmt. Der Berater sollte zu Beginn ebenfalls die Rollen klären, also herausstellen, worin seine Aufgabe und die des Klienten besteht. Bei einer Marte Meo Beratung übernimmt der Berater nicht die Lösung von Problemen, wie es manchmal bei einer „Therapie" geschieht,[55] sondern er hilft dem Klienten, diese selber, aus eigener Kraft zu lösen. Je nach der besonderen Situation der Klienten und den Möglichkeiten des Beraters, wird die Absprache auf den Einzelfall hin „maßgeschneidert".

Im Überblick:

Marte Meo ist eine Beratungs- und Coachingmethode, die sich am
Arbeitsauftrag der Klienten und der Videobeobachtung von Alltagssituationen orientiert.
Sie wird in einem Kontrakt zwischen Klienten und Beratern unter Berücksichtigung der jeweiligen Gegebenheiten individuell vereinbart.

Marte Meo ist eine besondere Methode Menschen zu beraten, weil sie auf die Beobachtung ausgewählter Videoabschnitte aus dem Alltag der Klienten zurückgreift. Daher lässt sich von Marte Meo als einer videobasierten und beobachtungsgeleiteten Form von Beratung[56] sprechen. Diese ist in vielen Arbeitsbereichen hilfreich: Für Eltern, Paare und Familien ebenso wie für Fachleute in erzieherischen und pflegenden Berufen. Sie ist ebenfalls eine Unterstützung für Menschen, die andere ausbilden, trainieren oder coachen. [57]

Da wir an dieser Stelle nicht auf alle unterschiedlichen Schwerpunkte der Marte Meo Arbeit eingehen, werden wir im nachstehenden Text beispielhaft die Eltern–Kind–Beratung darstellen. Alle anderen Formen der Unterstützung mit Marte Meo folgen den gleichen Grundsätzen und Leitgedanken.

Eine skandinavische Marte Meo Kollegin hat das Erlernen von Marte Meo Beratung einmal mit dem Jonglieren mit drei Bällen verglichen:[58]

Ein Marte Meo Berater sollte lernen, mit den Besonderheiten der videobasierten Beratung zurechtzukommen, also die erforderlichen Vorkehrungen für eine passende Beratungssituation zu organisieren. Dazu gehört neben der Handhabung einer funktionierenden Videotechnik, eine möglichst störungsfreie und angenehme Umgebung und eine Sitzordnung, die dem Berater ermöglicht, sowohl das Videobild wie auch die Reaktionen des Klienten im Blick zu haben.

Als zweites sollte der Berater gelernt haben, die für die Beratung passenden Videobilder auszuwählen und sie Moment für Moment mit entwicklungsförderlichen Informationen zu präsentieren.
Schließlich benötigt ein Marte Meo Berater die Fähigkeit, dem Klienten zu helfen, die Erfahrungen, die er in der Beratung macht, konstruktiv zu verarbeiten.

Im Überblick:

Das Erlernen so wie das Lehren von Marte Meo erfordert die Beachtung der
- Organisation und Strukturierung der Beratung
- der Kommunikation mit den Klienten
- die Präsentation von Bildern und ihre Verknüpfung mit Informationen.

Die meisten Beratungen finden statt, weil der Klient eine Frage oder ein Problem hat, bei dem er Unterstützung möchte. Bei der Marte Meo Beratung liest der Berater die „Botschaft hinter dem Problem."[59]
Dazu ist es erforderlich,

- sich zu fragen, was derjenige, der ein Problem hat oder bereitet, entwickeln oder lernen muss, damit das Problem erst gar nicht entsteht oder auch von ihm selber bewältigt werden kann
- sich zu fragen, welche Unterstützung er in welchen Situationen seines Alltags benötigt, um das zu lernen, was ihm hilft, das Problem aus eigener Kraft zu bewältigen. Marte Meo Berater greifen bei dieser Frage auf vielfältige Informationen über „normale" Entwicklungsprozesse von Kindern und ihre Unterstützung durch die Erwachsenen zurück[60].

Für eine Antwort auf die Frage, welche Unterstützung hilfreich ist, ist es nötig zu wissen, auf welche Weise Eltern ihren Kindern in normalen Alltagssituationen dabei helfen ein solches Problem zu lösen oder erst gar nicht aufkommen zu lassen.

Beispiel:
Eine Mutter sucht Unterstützung in einer Familienberatungsstelle, weil ihr dreieinhalbjähriger Sohn Jan große Probleme in seiner KITA – Gruppe hat und bereitet. Er hat inzwischen schon einen Ruf als „Schläger." Die Mutter fühlt sich sehr unter Druck und die Erzieherinnen empfehlen „eine Therapie". Eine Filmaufnahme in der KITA macht deutlich, dass Jan an den Spielen der anderen Kinder interessiert ist, aber noch nicht gelernt hat, seine Spielideen und Spielinitiativen zu benennen. Stattdessen ergreift er Initiativen, die für andere Kinder nicht vorhersehbar sind. Sie fühlen sich schnell durch Jan gestört. In der Folge ent-

stehen viele Konflikte, auf die Jan häufig mit Handgreiflichkeiten reagiert. Diese führen zumeist zu Scharmützeln, die die Erzieherinnen auf den Plan rufen. Inzwischen sind die Erzieherinnen schon alarmiert, wenn Jan die Spielecke aufsucht.

Anstatt bei der Beschreibung der Probleme stehen zu bleiben, suchen Marte Meo Berater nach der „Botschaft hinter den Problemen." Jan zeigt, dass er noch nicht gut genug gelernt hat, seine eigenen Initiativen zu benennen. Daher eckt er schnell mit anderen Kindern an, die nicht vorhersehen können, was Jan vorhat und daher schnell fürchten, dass er ihr Spiel stört. Jan sollte also lernen, seine Spielideen und –initiativen in den aktuellen Spielsituationen zu benennen, damit er für andere Kinder sichtbar und vorhersehbar wird. Durch das Benennen seiner Spielinitiativen schafft er anderen Kindern die Möglichkeit, sich seinem Spiel anzuschließen.

Marte Meo Berater wissen aus vielfältigen Beobachtungen, wie Kinder im natürlichen alltäglichen Umgang mit ihren Eltern oder Bezugspersonen lernen ihre Initiativen zu benennen. Bei einem Kind, das noch keine Sprache in Verbindung zu seinen spontanen Initiativen benutzt, benennen die Eltern die kindlichen Initiativen und schaffen so Verbindungen zwischen dem, was ein Kind gerade tut und den Worten, mit denen die kindliche Handlung beschrieben wird. Auf diese Weise lernen Kinder:

- was sie gerade tun.
- dass ihr Tun beachtet wird.
- wie ihr Tun benannt wird.
- dass es verschiedene Bezeichnungen und Wörter für Handlungen, Spielideen, Wünsche und Gefühle gibt.
- dass man auch selber sagen kann, was man tut und sich dadurch anderen präsentiert und sie zum gemeinsamen Spielen einlädt.
- dass sich durch das Sprechen die gemeinsame Atmosphäre positiv verändern kann.

Kinder bekommen durch das Benennen Aufmerksamkeit für sich selber, ihre Initiativen, Ideen, Wünsche, Pläne und Gefühle. Sie lernen sich selber mit Hilfe der Erwachsenen wahrzunehmen. Erst mit einer guten Selbstwahrnehmung bekommen sie die Möglichkeit, ihr Verhalten selber zu steuern. In dieser Entwicklungsphase[61] sind die Erwachsenen besonders aufmerksam für die Kinder und ihre Initiativen. Sie beschäftigen sich damit, welche Pläne, Absichten und Wünsche die Kinder in einer gemeinsamen Situation haben.[62] Durch das Benennen lernen sie die Welt ihrer Kinder sehr gut kennen, indem sie sehen, was in welcher Situation für die Kinder bedeutsam ist.

Das Beispiel von Jan zeigt, wie konkrete Informationen über natürliche entwicklungsunterstützende Dialoge zwischen Eltern und Kindern helfen, die Botschaft hinter einem Problemverhalten zu verstehen und einen Weg zu finden, das Kind bei einem anstehenden Entwicklungsschritt gezielt zu unterstützen.

Wenn Probleme als Gelegenheiten verstanden werden, neue Entwicklungsschritte zu entdecken, zu beschreiten und dann die Veränderungen zu sehen, bekommen die Klienten Zuversicht, ihre Schwierigkeiten selber zu bewältigen. Dazu benötigen sie Informationen darüber, wie sie zukünftig in welchen Momenten handeln können.

Im Überblick:

„Problem"

Die Botschaft hinter dem Problem: „Ich habe noch nicht gelernt bzw. entwickelt."

Auffinden von Unterstützungsmomenten bzw. -gelegenheiten für die anstehenden Entwicklungs- und Lernschritte im Alltag.

Präsentation eines Unterstützungsmomentes bzw. einer Gelegenheit in der Beratung und Vereinbarung über die Umsetzung des unterstützenden Verhaltens.

Auswertung der veränderten Situation in einem Folgevideo und Vereinbarung weiterer Schritte.

Dafür sind die Videobilder, die im Verlauf der Beratung gezeigt werden die beste Hilfe. Die Videobilder aus ihrem Alltag zeigen dem Klienten, was er schon tut, um sein Ziel zu erreichen.[63] Mit dieser Information weiß er, wie er sich in bestimmten Situationen erfolgreich verhalten kann. Darüber hinaus kann er mit der Unterstützung des Beraters neue positive Möglichkeiten entdecken und dann ausprobieren. Wenn das, was der Klient nun in einer anderen Weise tut, gefilmt wird, kann er selber sehen, wie er in welchen Situationen erfolgreich(er) handeln kann.

In unserem Beispiel mit Jan konnten die Erzieherinnen sehen, dass es schon einige Situationen gab, in denen sie Jans Initiativen benannt haben. Dessen waren sie sich in diesen Momenten weder bewusst noch konnten sie die Bedeutung des Benennens für Jans Entwicklung erkennen. Dies wurde ihnen erst in der Marte Meo Beratung deutlich. Sie bekamen eine klare Idee, wie sie Jan im Kitaalltag unterstützen konnten sich selber besser wahrzunehmen und seine Initiativen mit Worten zu verbinden. Auf diese Weise konnte er nach einer Phase der Einübung lernen, ein guter Spielpartner zu werden.

Es liegt auf der Hand, dass für den Erfolg einer Marte Meo Beratung die Auswahl der Bilder und Szenen, die in der Beratung gezeigt werden, maßgeblich ist. Die Auswahl nimmt der Marte Meo Berater vor, nachdem er sich den Film aus dem Alltag des Klienten Bild für Bild genau angeschaut hat.[64]

Der Berater sollte vor einem Beratungsgespräch und vor der Auswahl geeigneter Bilder und Szenen wissen, was genau der Klient mit Hilfe der Beratung erreichen, wissen oder verändern möchte, d.h. er muss den Arbeitsauftrag der Klienten kennen.
Die Auftragsklärung und -daran anknüpfend- das Arbeitsbündnis zwischen Beratern und Klienten steht am Anfang jeder professionellen Beratung oder Therapie.[65]
Der Berater benötigt ebenfalls Informationen darüber, wer welche Verantwortung in der gefilmten Situation trägt. Bei Eltern und jungen Kindern liegt es auf der Hand, dass die Eltern bzw. Betreuer die alleinige Verantwortung für das Geschehen tragen.
Damit sind die Eltern auch diejenigen, die aktiv an der Beratung teilnehmen.
Bei älteren Kindern, Jugendlichen und Heranwachsenden ist die Antwort die Frage nach der Verantwortlichkeit schon schwieriger zu beantworten, denn Kinder übernehmen mit zunehmendem Alter auch mehr Verantwortung für die Folgen ihres Verhaltens. Insofern werden sie auch häufig direkt in die Beratungen mit einbezogen.[66]
In unserem obigen Beispiel von Paul und seiner Mutter liegt die Antwort nahe. Paul ist noch ein Baby und die Eltern sind für das gesunde Aufwachsen ihres Sohnes allein verantwortlich. Das gilt insbesondere für die Gestaltung und die Abläufe in den gemeinsamen Alltagssituationen.
Im alltäglichen Miteinander lassen sich freie Situationen, in denen es um einen freien Austausch im Dialog oder Spiel geht, von Situationen unterscheiden, in denen es wichtig

ist, eine gemeinsame Aktion durchzuführen oder ein gemeinsames Ziel zu erreichen.[67]
Natürlich gibt es häufige fließende Übergänge zwischen einer freien und einer geleiteten zielorientierten Kommunikation. Dies wird beispielsweise deutlich, wenn Pauls Mutter mit einem positivem Moment des Blickkontaktes zu Paul, also einem „freien" Moment beginnt und dann, wenn Paul bereit ist, eine neue Information von seiner Mutter zu bekommen dazu übergeht zu benennen, was als nächstes geschieht. Damit erhält Paul die passenden Informationen darüber, wie er in dem gemeinsamen Moment erfolgreich mit seiner Mutter zusammenarbeiten kann.

Bei der Auswahl der Videobilder für die Beratung muss der Berater entscheiden, welche Informationen zur Erfüllung des Beratungsauftrags und zur Beantwortung der elterlichen Fragen die Eltern benötigen und welche Bilder die passenden Informationen vermitteln.
Es werden diejenigen Bilder und kurzen Szenen zur Beratung ausgewählt, die zeigen, wie die Eltern ihr Kind unterstützen und geeignet sind, dem Kind zu einem nächsten Entwicklungsschritt zu verhelfen. Damit können die Eltern sehen, welche ihrer konkreten Handlungsweisen zur Erreichung ihres Zieles förderlich sind.
Wenn sich keine geeigneten Bildinformationen finden lassen, können Momente, in denen sich Gelegenheiten bieten, das Kind in der gewünschten Weise zu unterstützen, in den Blick genommen werden. In manchen Beratungssituationen bietet es sich auch an, das unterstützende elterliche Verhalten mit Hilfe der Videobilder einzuüben.

Die Präsentation der Videobilder geschieht Schritt für Schritt in Form kurzer Videoszenen.[68] Dies zielt darauf ab, dass der Klient in die Lage versetzt wird, förderliche Unterstützungsgelegenheiten im Zusammensein mit dem Kind gezielt zu erkennen und zu nutzen. Dazu ist es erforderlich, dass die Berater vor einer Bildpräsentation sagen, worauf sie achten. Das dient dazu, dem Klienten zu helfen, den Blick auf die entwicklungsunterstützenden Momente in dem Videoclip zu lenken. Bei der Bildpräsentation hebt der Berater hervor, was in dem gezeigten Moment die Unterstützung für den nächsten Entwicklungsschritt ausmacht. Eine weitere bedeutsame Information ist die Erläuterung, warum eine bestimmt Verhaltensweise unterstützend ist, d.h. wozu sie im Umgang mit dem Kind dient. Dies lässt sich bisweilen auch zeigen, indem sichtbar gemacht wird, wie das Kind auf einen förderlichen Moment reagiert.

Wenn der Klient verstanden hat, warum ein bestimmtes Verhalten unterstützend ist, ist er nicht mehr auf die Hilfe des Beraters angewiesen und kann das Problem aus eigener Kraft lösen.

Schließlich ist es angezeigt, den zukünftigen Nutzen der Information hervorzuheben, indem gemeinsam überlegt wird, bei welchen Gelegenheiten, also wann die gezeigte Verhaltensweise in den Alltag mit dem Kind stattfinden kann. Damit bekommt der Erwachsene Ideen, die er unmittelbar nach der Beratung umsetzen kann.[69]

Schließlich wird eine erneute Videobeobachtung verabredet, in der die Wirkung der vereinbarten Handlungen in den Blick genommen wird. So kann der Klient Augenzeuge der durch ihn bewirkten positiven Veränderungen werden.

Diese sprechen für sich und helfen dem Klienten zunehmend auf seine eigenen Fähigkeiten im Umgang mit dem Kind zu vertrauen. Nach jeder Beratung wird gemeinsam überlegt und entschieden, welche Unterstützung der Klient noch benötigt und wünscht.

Im Überblick:

Die Videobilder werden mit Informationen darüber präsentiert,
- was im gezeigten Moment entwicklungsförderlich ist
- warum das gezeigte Verhalten förderlich ist
- wann das gezeigte Verhalten zukünftig im Alltag genutzt werden kann.

Das Wichtigste an einer Beratung ist, den Entwicklungs- und Lernprozess des Klienten so zu unterstützen, dass er sobald wie möglich seine Probleme aus eigener Kraft lösen kann. Wenn dies dauerhaft nicht möglich ist, zielt eine Beratung darauf ab, passende Hilfen zu finden, die die eingeschränkten Möglichkeiten des Klienten sinnvoll ergänzen.
Ein Berater ist für die Atmosphäre und eine gute Orientierung über den Ablauf einer Beratung hauptverantwortlich.

Aus diesem Grunde sollte er in der Lage sein, die Beratung positiv zu beginnen und das Gespräch auf einem Alltagsniveau mit den Klienten über „Kaffee, Kuchen und den Hund"[70] zu beginnen. Häufig zeigt der Berater zu Beginn ein positives Standbild von den Klienten. Damit wird ohne Worte deutlich gemacht, dass es in der Marte Meo Arbeit darum geht, die vorhandenen Fähigkeiten aller Beteiligten zu nutzen, um Problemen vorzubeugen bzw. dazu beizutragen, sie zu lösen.

Der Klient sollte über den Ablauf der gesamten Beratung so wie der einzelnen Beratungsstunde zu Beginn informiert sein. Dazu formuliert der Berater noch einmal den Arbeitsauftrag des Klienten und benennt die bisherigen gemeinsamen Aktivitäten.

Da Beratungen im Kern immer Dialoge sind, liegt es auf der Hand, dass ein professioneller Berater gelernt haben sollte, entwicklungsunterstützende und -förderliche Gespräche zu führen. Neben den Bildinformationen und den entsprechenden Erläuterungen dazu ist es nötig, vorrangig die Reaktionen des Klienten zu beachten. Dazu gehört, dass der Berater auf die Reaktionen wartet, sie wahrnimmt und sie bestätigt und an sie anschließt, bevor er mit den Informationen der Bilder weitermacht. Darüber hinaus benötigt der Klient genügend Raum und Zeit für seine emotionalen Reaktionen auf die Bilder. In diesen Momenten sollte der Berater dem Klienten, wo immer möglich, mit Anteilnahme und Sympathie[71] folgen und ihn einladen, über das, was ihn gerade bewegt, zu sprechen. Auf diese Weise lernt der Berater kennen, was der Klient mit den Bildinformationen verbindet und wie er sie verarbeitet. Der

Berater bekommt so die Gelegenheit, seine eigenen Gedanken und Ideen dazu in den Dialog einzubringen. Damit sind die Voraussetzungen für eine „Beratung auf Augenhöhe"[72] gegeben. Marte Meo Beratungen münden zumeist in einer Empfehlung für einen konkreten nächsten Handlungsschritt für die Eltern. Dabei ist entscheidend, dass die Eltern den Schritt verstanden haben, dass er im Alltag einfach umsetzbar ist und dass es sich in aller Regel um einen einzigen Schritt handelt.[73] Die Beratung wird mit einem Ausblick auf das weitere Vorgehen und den entsprechenden Vereinbarungen beendet.

Im Überblick:

- Der Berater ist für die Arbeitsatmosphäre und eine gute Orientierung über die Abläufe in der Beratung hauptverantwortlich.

- Der Rhythmus der Marte Meo Beratung ist: ein Bild, eine Information, ein Dialog.

- Die Beratung endet in der Regel mit einer konkreten Handlungsempfehlung und einer Verabredung für das weitere Vorgehen, d.h. zumeist für ein Folgevideo.

In den Folgevideos gilt das Augenmerk vorrangig der vereinbarten Handlungsempfehlung und ihren Auswirkungen im Alltag der Klienten. Damit lernt der Klient die Wirkungen seiner Handlungen wahrzunehmen zu schätzen und so seine eigenen Fähigkeiten Schritt für Schritt weiter zu entwickeln.

Marte Meo ist eine moderne Beratungs- und Coachingmethode[74], die den Klienten hilft, die eigenen Fähigkeiten und Möglichkeiten bei der Bewältigung von Herausforderungen des pädagogischen Alltags wahrzunehmen, einzusetzen und neuen Gegebenheiten anzupassen. Bei Marte Meo wird eine „Beratung auf Augenhöhe" ermöglicht, die Klienten und Beratern mit jedem Entwicklungsschritt die Erfolge ihrer Zusammenarbeit vor Augen führt. Auf diese Weise können erforderliche Veränderungen vorgenommen und Erfolge miteinander geteilt werden.

Arbeitsmaterialien

Beobachtungsfenster zur Einschätzung und Unterstützung von Entwicklungsschritten (Checklisten)

In dem nachfolgenden Anhang finden sich Fragen, die Beobachtungsfenster und konkrete Unterstützungsmöglichkeiten für Entwicklungsschritte von Kindern eröffnen.
Sie werden in der Marte Meo Arbeit als Checklisten, die eine Orientierungshilfe für Videointeraktionsanalysen, besonders auch für die Auswahl geeigneter Clips für die Beratungen bieten. Sie beziehen sich auf verbreitete Schwierigkeiten und Problemkreise, die häufig Anlass für das Aufsuchen professioneller Hilfen sind.
Sie erheben, bezogen auf die jeweiligen „Probleme", weder den Anspruch auf Systematik, noch auf Vollständigkeit, sondern sollten als -durchaus noch ergänzungsfähige- Anregungen für das Auffinden passender Marte Meo Informationen gelesen werden. Sie haben sich in der Beratungspraxis bisher als nützliche Hilfen für die Identifikation von Entwicklungsgelegenheiten bewährt. Die Listen dienen der Selbstevaluation und helfen dabei eine Entwicklungsdiagnose als Ausgangspunkt für eine Marte Meo Beratung zu finden.
Um eine „Marte Meo Entwicklungsdiagnose" [75] zu erstellen, sollten die Beobachtungen dann als zuverlässig gelten, wenn einzelne Verhaltensweisen überdauernd entweder fehlen oder vorhanden sind [76]. Erst dann können sie

als unabhängig von situativen und/oder aktuellen Einflüssen, z. B. Stressoren gelten.

Die Listen entstammen überwiegend dem Basisbuch von Maria Aarts. Dort sind auch weitere Erläuterungen zu finden. Im vorliegenden Text werden sie ebenfalls durch Informationen über Unterstützungsmöglichkeiten für die Entwicklung der einzelnen Fähigkeiten und weitere Erläuterungen ergänzt.
Die Checkliste zur Gestaltung der Hausaufgabensituation kommt aus der praktischen Arbeit einer Jugendhilfeeinrichtung und hat sich dort in der Elternarbeit bewährt.

In ihrem Buch Marte Meo Methode für Schulen hat Josje Aarts einige weitere Listen für Lehrer und Schüler vorgelegt, die dort zu finden sind. Weitere Listen, speziell für die Review - Arbeit mit Kindern und Jugendlichen finden sich bei Aarts et al. (2014).

Zur Einschätzung und Unterstützung von Babys mit Regulationsproblemen (z.B. Schreibabys) und ihren Eltern

Warten die Eltern und folgen sie den Initiativen des Babys?

Wenn Eltern die Initiativen des Babys wahrnehmen und ihnen folgen, lernen sie das Tempo und die aktuellen Interessen des Babys kennen. Das Baby kann die Erfahrung machen und durch Wiederholungen festigen, dass die Eltern mit ihm verbunden sind. Diese Erfahrung wirkt entspannend und stresslösend und hilft dem Baby die aufkommenden Gefühle zu regulieren. Für die Eltern -Kind - Beziehung entsteht im Laufe der gemeinsamen Zeit Bindungssicherheit.

Unterstützen die Eltern die besten Initiativen des Babys, indem sie z.B. die besten Töne wiederholen und die besten Gesichter zurückspiegeln?

Die Emotionen von Babys können sehr rasch wechseln. Wenn Eltern den positiven Momenten folgen, können die Babys selber diese kurzen Erfahrungen vertiefen und verlängern. Auf diese Weise unterstützen Eltern die Affektregulation der Babys positiv.

Folgen die Eltern den Blicken des Babys und unterstützen das Baby, indem sie benennen, worauf das Baby schaut?

Babys zeigen anhand ihrer Blickrichtung, wohin sie in einem gemeinsamen Moment ihre Aufmerksamkeit richten. Eltern, die den Blicken des Babys folgen, finden Anschluss an die kognitiven und emotionalen Erfahrungen, die das Baby in diesem Moment erfährt. Wenn sie benennen, was das Kind sieht und verarbeitet, kann sich das Baby bei seiner Welterkundung sicher und begleitet fühlen.

Benutzen die Eltern warme Töne und gute Gesichter und schaffen sie so eine warme Atmosphäre?

Eine warme Atmosphäre wird durch „gute Töne" und „gute Gesichter" vermittelt. Sie fördert das Wohlbefinden des Babys in einem gemeinsamen Moment und ermöglicht positive Beziehungs- und Lernerfahrungen.

Haben die Eltern einen emotionalen Austausch mit dem Baby, der auf den emotionalen Initiativen des Babys beruht?

Ein emotionaler Austausch mit dem Baby, der auf den emotionalen Initiativen des Babys aufbaut, vermittelt dem Baby, dass seine Initiativen gesehen und angenommen werden. Er bereitet die Grundlage für die Entwicklung eines positiven Selbstbildes.

Benutzen die Eltern "Aufmerksamkeitstöne?"

Babys reagieren sehr intensiv auf die Töne ihrer Bezugspersonen. Die Töne schaffen einen Kontext für die Deutung und Be-Deutung von Situationen. In Kommunikations- und Spielsituationen werden Aufmerksamkeitstöne verwendet, die dem Baby helfen, sich auf einen Focus zu konzentrieren. In anderen Situationen, z.B. Zu-Bett-Geh-Situationen werden Beruhigungstöne verwendet.

Zeigen die Eltern Initiativen?

Babys sind auf Kommunikation und damit auf die Initiativen ihrer Eltern angewiesen. Bisweilen ist Eltern nicht bewusst, dass sie als Personen und ihre Initiativen für das Wohlbefinden und die Entwicklung ihrer Babys von ausschlaggebender Bedeutung sind. In solchen Fällen brauchen die Eltern eine Unterstützung das zu erkennen und entsprechend zu handeln.

Geben die Eltern dem Baby Zeit, um Informationen aufzunehmen?

Babys benötigen längere Zeitspannen, um auf die Initiativen aus ihrer Umgebung reagieren zu können. Wenn Eltern auf die Reaktionen ihrer Kinder warten, bekommen die Kinder die Gelegenheit ihren eigenen Beitrag zur Kommunikation zu leisten und machen die Erfahrung ein bedeutsamer Kommunikationspartner zu sein. Das Warten auf die kindlichen Reaktionen ist ein Ausdruck von Respekt und bildet damit ein Modell für das soziale Zusammenleben im ganzen Leben.

Wechseln sich die Eltern mit dem Baby ab, basierend auf den eigenen Initiativen?

Eltern, die auf ihre eigenen Initiativen hin dem Baby die erforderliche Zeit zum Reagieren geben, sorgen dafür, dass das Baby das Wechselspiel der Kommunikation lernen und einüben kann.
Das ist eine Investition in die kommunikativen Kompetenzen des Babys.

Arbeiten die Eltern zusammen?

Babys benötigen Eltern, die kooperieren und sich in ihrer Kommunikation mit dem Baby abstimmen und abwechseln können. Damit sorgen sie für Klarheit und helfen dem Kind, sich zu orientieren und darauf aufbauend zu kooperieren.

Zeigen die Eltern positive Leitung?

Neben einer wertschätzend positiven Atmosphäre sind die Babys in vielen Situationen auf die positive Anleitung der Eltern angewiesen. Eltern, die Kinder positiv anleiten, unterstützen sie dabei, sozial kompetent zu handeln und zu kooperieren.

Zur Einschätzung und Unterstützung von Kindern mit expansiven Schwierigkeiten (z.B. mit ADHS/ADD-Diagnosen)

Basisanforderungen, die ADD Kinder stellen, und die daraus folgenden Leitgedanken für die Marte Meo Arbeit:

Schaffung positiver Atmosphären:

Benutze „Konversationstöne", nicht (überwiegend) „Korrekturtöne."

Wenn das Kind lächelt, spiegle das Gesicht des Kindes und schaffe einen längeren guten Moment des emotionalen Austausches.

Zeige dem Kind hin und wieder ein „gutes Gesicht". Viele Kinder mit Verhaltensproblemen sehen selten gute Gesichter. Ein gutes Gesicht ist die Mitteilung: „Ich habe Dich gern in meiner Nähe". Es zeigt, dass jemand mit ihnen zufrieden ist. Diese Kinder sehen zu oft, dass Menschen von ihnen enttäuscht sind. In der Folge vermeiden sie dann oft Face-to-Face-Kontakte.
ADD- Kinder benötigen externe und interne Struktur.

Stimulation der internen Struktur:

Benenne die kindlichen Initiativen.
Ein Benennen der kindlichen Initiativen ermöglicht und erleichtert die Selbstregistration und Selbstregulation des Kindes. ADD-Kinder benötigen eine derartige Unterstützung länger als normal entwickelte Kinder. Eltern benennen intuitiv die Initiativen von Babys und Kleinkindern und hören damit auf, wenn die Kinder eine Fähigkeit zur Selbstregistration entwickelt haben. Bei ADD-Kindern sollten die Eltern (u.U. gegen ihr intuitives „Timing") eine derartige Unterstützung längere Zeit geben.

Gib den Kindern auf diese Weise auch eine Bestärkung darin, dass du sie siehst. Sie können dann darauf verzichten, sich so groß zu machen.

Stimulation eines positiven Selbstbildes:

Drücke deine Gedanken und Empfindungen über das kindliche Verhalten aus:
Auf diese Weise können Eltern das kindliche Selbstbild „positiv anreichern": „Das war eine gute Idee von dir, das Glas hierhin zu stellen"; „wenn du das besser können willst, üben wir noch etwas; ich zeig dir wie. Ja, so geht es schon besser!" usw.

Wähle die angemessensten Initiativen und bestärke sie im Moment ihres Auftretens:

„Ja, das ist eine bessere Idee. Ja, stelle die Tassen auf den Tisch!" Auf diese Weise erhält das Kind eine Bestärkung: „Das war jetzt gut von mir, jetzt bin ich okay". Wenn das Kind die Struktur der sozialen Situation besser erkennt und weiß, was von ihm erwartet wird, hilft dies, selber die passenden Initiativen auszuwählen.

Entwickle und strukturiere Initiativen und beende sie mit einem klaren Abschluss:

Wenn das Kind z.B. anfängt zu malen und kurze Zeit später damit aufhört und etwas anderes tut, besteht das unterstützende elterliche Verhalten in einer schnellen „angeschlossenen" Reaktion: „Du willst malen, ja, da ist schon der Pinsel. Nun kannst Du die Plastikdecke darunterlegen, so ist's gut! Die Farben sind hier". Wenn das Kind zum Waschbecken geht: „Das hätte ich fast vergessen, Du

brauchst Wasser!" Nun können die Eltern warten und schauen, was passiert. Wenn das Kind passende Initiativen zeigt, sollten sie bestärkt werden.
Wenn das Kind keine passende Initiative zeigt und z.B. kein passendes Gefäß für das Wasser nimmt, ist das für die Eltern eine Gelegenheit ihm weiterzuhelfen: „Nimm das Glas dort drüben, da kann das Wasser nicht so schnell vergossen werden."
Dieses elterliche Verhalten ermöglicht dem Kind, passende Verhaltensmodelle zu entwickeln. Auf diese Weise entwickelt das Kind auch eine bessere Konzentration und es lernt, mit seinen Aktivitäten weiterzumachen. Es lernt die Aufmerksamkeit zu fokussieren und Dinge zu Ende zu bringen. Das wiederum stärkt das Selbstbewusstsein des Kindes.

Gefühle wahrnehmen, ein Modell für den Umgang mit Gefühlen entwickeln:

Das Benennen nonverbaler Initiativen hilft, Gefühle wahrzunehmen. Wenn das kindliche Gesicht Freude zeigt, kann die Mutter sagen „Du bist froh, deinen Papa zu sehen!" Dies ermöglicht dem Kind, die passenden Worte für seine Gefühle zu finden. Dies ist ein bedeutsames Element beim emotionalen Austausch. In der normalen Erziehung beginnen die Eltern damit, wenn das Kind ein Baby ist. ADD-Kinder überfordern die Eltern häufig mit ihrer Unruhe. Meistens ist diese Unruhe auch ein Anzeichen für ein extrem sprunghaftes Gefühlsleben. Es passiert häufig, dass die Eltern entwicklungsunterstützendes Verhalten anfangs zeigen, aber damit aufhören, wenn das Kind älter wird. Mehr als andere Kinder benötigen ADD-Kinder Hilfen dabei, mit ihren Gefühlen zurechtzukommen. Sie wissen von selber nicht, wie.

Die Initiativen anderer wahrnehmen lernen:

Kinder können ermutigt werden, die Initiativen anderer zu beachten, indem die Eltern diese benennen; „Schau, Thomas holt die Pinsel!" „Sven will mitspielen; er hat auch ein Auto!" Auf den Videos ist das erste Anzeichen dafür, dass Kinder beginnen, die Initiativen anderer wahrzunehmen, dass sie ihren Kopf bewegen und umherschauen. Dies ermöglicht ihnen, mehr Information über andere Kinder zu bekommen und erleichtert ihnen, mit ihnen in Verbindung zu treten.
Eltern können auch ihre eigenen Initiativen benennen, um dem Kind dabei zu helfen zu verstehen, was andere tun und denken. Eine Mutter, die mit dem Kind Karten spielt, kann sagen: "Ich habe nur noch eine Karte. Ich bin gespannt, ob ich gewinne!"

ADD-Kinder benötigen eine klare externe Strukturierung von Situationen:

ADD-Kinder benötigen klare Anfangs- und Endsignale.
ADD-Kinder benötigen eine Unterstützung, um Überblick über und Einsicht in soziale Situationen zu gewinnen.
Die Eltern können die Situation dem Kind gegenüber benennen: „Schau, sie fangen an, Fußball zu spielen".

"Die Kinder sind im selben Team". Die Beobachtung dessen, was andere tun, vermittelt den Kindern eine Menge sozialer Informationen. Auch hier zeigen ihre Kopfbewegungen, ob sie davon profitieren können.

Umherschauen und sich Abwechseln:

Für Menschen, die mit Gruppen von Kindern arbeiten, ist es wichtig, regelmäßig umherzuschauen. Dies vermittelt eine Menge sozialer Information. In einer Kindergruppe zu arbeiten, erfordert auch Klarheit darin, sich allen Kindern nacheinander zuzuwenden. Jede/r sollte an die Reihe kommen.

Soziale Verhaltensmodelle – Gebote statt Verbote:

Eltern sollten Alternativen in den Aktionsmomenten der Kinder benennen können. In bestimmten Situationen ist ein passendes Verhalten erwünscht. Hyperaktive Kinder zeigen häufig durch ihr Verhalten, dass sie dies noch nicht erlernt haben. Sie tun nicht das, was die Eltern von ihnen erwarten. Eltern reagieren häufig mit Sätzen, die mit „Nicht" beginnen. Dabei ist es für die Kinder bedeutsam zu hören, was erwünscht ist. Sie benötigen eine andere Wahlmöglichkeit. Bei alledem ist der Gebrauch von „Konversationstönen" hilfreich.

Elemente von Kooperationsmodellen:

Bevor Kooperation geübt werden kann, ist eine Beschreibung des bevorstehenden Prozesses nötig: „Nun backen wir einen Kuchen. Das erste, was wir machen ist..., und dann müssen wir... Es ist hilfreich, den Prozess schrittweise in den Aktionsmomenten zu benennen. Dabei ist ein „Geschäftston " (und kein „Kampfton") hilfreich. Ebenso wichtig ist, den spontanen Initiativen des Kindes zu folgen, sie auszuwählen und zu strukturieren. Um die Kooperation zu unterstützen, sollten die Eltern ihre eigenen Initiativen benennen, so dass sie für das Kind vorhersagbar werden und zugleich ein Modell für kooperatives Verhalten bilden.

Zur Einschätzung des sozial – emotionalen Unterstützungsbedarfes von Kindern

Diese Liste umfasst zum einen Verhaltensweisen die Kinder befähigen mit anderen zu spielen und zu kooperieren. Sie geben Hinweise zur Einschätzung des Entwicklungsstandes und des Unterstützungsbedarfes.
Darüber hinaus werden Bedingungen benannt, die ein kooperatives Verhalten ermöglichen und fördern.

Das Kind kann seine eigenen Initiativen benennen: „Ich nehme das Auto..."

Kinder entwickeln die Fähigkeit, die eigenen Initiativen zu benennen und damit für andere vorhersehbar zu sein, wenn sie in ausreichendem Maße Beziehungspartner haben, die die kindlichen Initiativen in den Momenten, in denen sie sichtbar sind, benennen und die in der Lage sind, sich selber gegenüber dem Kind zu benennen.

Das Kind ist für die Initiativen anderer aufmerksam:

Kinder entwickeln diese Fähigkeit, wenn sie in ausreichendem Maße von Erwachsenen beachtet werden und wenn diese Erwachsenen ebenfalls die Initiativen weiterer Interaktionspartner benennen.

Das Kind kann eigene Initiativen stoppen und jemand anderem Aufmerksamkeit widmen:

Kinder entwickeln diese Fähigkeit in Momenten, in denen Erwachsene alle Interaktionspartner im Wechselspiel beachten (Turn-Taking) und in ausreichendem Maße Verbindungen zwischen den Kindern ermöglichen.

Das Kind hat eine Fähigkeit zur Selbstregistration und ein Selbstbild entwickelt:

Ein Kind entwickelt die Fähigkeit zur Selbstregistration wenn es in ausreichendem Maße gelernt hat, sich selber zu benennen (s.o.). Wenn es genügend in seinen Stärken bestätigt wird und ein differenziertes Feedback bekommt, wird es darin unterstützt, ein positives Bild von sich, seinen Fähigkeiten und Möglichkeiten zu entwickeln.

Das Kind findet die passenden Initiativen im richtigen Moment:

Diese Fähigkeit entwickeln Kinder, wenn sie ausreichend dabei unterstützt werden, soziale Situationen zu „lesen." Dies geschieht in Momenten, in denen Erwachsene die sozialen Abläufe und Situationen in ausreichendem Maße benennen.

Das Kind kann seine Initiativen strukturieren und in ein Spielmodell übertragen:

Ein Kind lernt seine Initiativen zu strukturieren, wenn es zuvor gelernt hat, sie zu benennen (s.o.) und wenn es genügend positive Anleitungsmomente von Erwachsenen in gemeinsamen Spielsituationen bekommen hat.

Das Kind kann umherschauen und soziale Informationen aufnehmen:

Ein Kind lernt umherzuschauen und so soziale Informationen aufzunehmen, wenn es in ausreichendem Maße positive soziale Signale, z. B. gute Gesichter, freundliche Stimmen und eine kindgerechte Ansprache erfahren hat.

Das Kind kann die Spielsituation überblicken:

Ein Kind lernt, Spielsituationen zu überblicken, wenn es genügend erlebt hat, dass Menschen mit mehr Spielerfahrung es dabei unterstützen, die jeweilige Situation passend zum Spielablauf zu verstehen.

Das Kind benutzt Spieltöne und kann sie mit anderen teilen:

Ein Kind lernt Spieltöne durch Bezugspersonen, die seine Initiativen, insbesondere auch seine Bewegungsinitiativen mit passenden attraktiven Tönen begleiten.

Das Kind kann anderen nonverbal Emotionen zeigen:

Die Fähigkeit nonverbal Emotionen zu zeigen, ist angeboren. Sie wird als ein soziales Signal unterstützt, wenn Erwachsene die kindlichen Gefühle in den Momenten ihres Auftretens nonverbal spiegeln.

Das Kind ist nonverbalen Initiativen anderer gegenüber aufmerksam und zeigt, dass es sie wahrgenommen hat:

Die Fähigkeit, die nonverbalen Initiativen anderer zu beachten und darauf bestätigend zu reagieren, entwickeln Kinder, wenn sie in ausreichendem Maße selber genügend Beachtung für die eigenen nonverbalen Signale bekommen und in Interaktionsmomenten mit anderen dabei unterstützt werden, deren Signale zu beachten. Das geschieht in der Regel durch Erwachsene, die Verbindungen zwischen Kindern herstellen: „Schau mal, Lena freut sich über ...".

Das Kind kann geben und nehmen:

Geben und Nehmen entspricht dem Grundrhythmus der menschlichen Kommunikation. Diesen Rhythmus üben schon Babys kurz nach der Geburt durch das Wechselspiel des Austausches mit den Eltern. Beobachtungen von Babys zeigen, dass es nach der Entwicklung der Handmotorik eine Phase gibt, in denen Babys das Geben und Nehmen, oft verbunden mit „Bitte" und „Danke" – Sagen der Eltern, regelrecht einüben. Kinder werden beim Geben und Nehmen unterstützt wenn sie hinreichend oft die Erfahrung machen können, dass sowohl Geben wie Nehmen sozial attraktiv ist. Das wird durch explizite Bestätigungen der Eltern unterstützt. Auf der kognitiven Ebene fördern die Eltern die Fähigkeit zum Austausch, in dem sie in den passenden Interaktionsmomenten „Ich und Du" sagen.

Das Kind kann sich mit einem anderen verbal und nonverbal abwechseln:

Diese Fähigkeit entspricht weitgehend der Sicherheit im sozialen Wechselspiel einen festen Platz zu haben also ein genauso bedeutsamer Interaktionspartner wie die anderen zu sein. Diese Erfahrung wird von Eltern unterstützt, die für ein gutes Wechselspiel der familiären Kommunikation sorgen können.

Das Kind hat Kooperationstöne entwickelt:

Diese Fähigkeit wird weitgehend über das Vorbild von Bezugspersonen vermittelt, die in Kooperationssituationen passende Kooperationstöne benutzen. Dadurch lernt das Kind ebenfalls soziale Situationen zu unterscheiden, etwa, ob es sich um ein spaßiges Spiel oder eine Situation von Zusammenarbeit handelt.

Das Kind kann eine Spielgeschichte präsentieren:

Die Fähigkeit, Spielgeschichten zu präsentieren, geht mit der Erfahrung einher, dass die eigenen Ideen interessant und attraktiv für andere sind. Diese Fähigkeit wird von Betreuungspersonen dadurch unterstützt, dass sie die kindlichen Ideen bestätigen und ggf. durch eigene Ideen anregen.

Das Kind hat soziale Modelle entwickelt:

Ein Kind lernt soziale Modelle, wenn es in sozialen Situationen positiv angeleitet wird. Es lernt dann Schritt für Schritt, sich in sozialen Momenten kompetent zu verhalten.

Das Kind kann mit Kritik und Frustration fertig werden:

Diese Fähigkeit von Kindern wird unterstützt, wenn ein Kind gelernt hat, seine Gefühle zu benennen und dabei unterstützt wurde, in frustrierenden Situationen eine Erfahrung von Empathie und eine Idee über nächste positive Gelegenheiten zu bekommen.

Das Kind hat Problemlösemodelle entwickelt:

Wenn ein Kind hinreichend dabei angeleitet wird, wie es kleine Schwierigkeiten aus eigener Kraft bewältigt, kann es die Überzeugung entwickeln, auch mit zukünftigen Problemen fertig zu werden. Erwachsene die Probleme als Entwicklungs- und Lerngelegenheiten behandeln, sind dabei eine wertvolle Unterstützung.

Das Kind kann sich mit anderen in einem „sozialen Tanz" bewegen:

Ein „sozialer Tanz" ist die Fähigkeit, sich in wechselnden sozialen Momenten mit wechselnden Interaktionspartnern passend zu verhalten. Es besteht aus der Fähigkeit, spontan zu handeln und wird von Erwachsenen unterstützt, die in der Lage sind, dem Kind durch Folgen und Bestätigen die Erfahrung von Empathie und Selbstvertrauen so wie „epistemischer Sicherheit" zu vermitteln. Damit ist die Sicherheit gemeint, den eigenen Wahrnehmungen, Gedanken und Gefühlen vertrauen zu können.

Das Kind kann sich konzentrieren:

Die Fähigkeit zur Konzentration entwickeln Kinder sehr früh in Momenten, in denen Erwachsene den kindlichen

Initiativen folgen. Auf diese Weise lernen sie bei dem Gegenstand ihrer Interessen zu bleiben.

Das Kind hat verschiedene Spielmodelle zur Verfügung:

Wenn Spielpartner die kindlichen Ideen durch eigene Ideen „Hand in Hand" weiterentwickeln, lernen Kinder eine ganze Palette neuer Spielmöglichkeiten kennen und auszuprobieren.

Das Kind kann, um seine Fantasien auszudrücken, neue Worte von anderen lernen:

Wenn die Spielpartner angeschlossen an die Spielinitiativen des Kindes neue Worte benutzen, kann das Kind diese Worte direkt mit dem Spielgeschehen verbinden und sich zu eigen machen.

Das Kind kann genießen mit anderen zusammen eine gute Zeit zu verbringen:

Wenn ein Kind früh in seiner Familie gelernt hat, positive Gefühle mit anderen zu teilen und zu genießen, kann es diese Erfahrung auch auf die Spielpartner übertragen und diese dazu einladen, sich gemeinsam zu freuen.

Das Kind kann Gefühle ausdrücken und austauschen:

Ein Kind lernt mit Hilfe seiner Bezugspersonen schon sehr früh, dass seine Gefühle gesehen, verstanden, benannt und dann geteilt werden. Auf dieser Grundlage erlernt es die Fähigkeit zum sozial-emotionalen Austausch.

Das Kind kann zusammenarbeiten, verhandeln und sich einfühlen:

Die Kooperationsmodelle von Kindern werden ebenfalls sehr früh in Momenten der Zusammenarbeit, z. B. beim Wickeln vermittelt, wenn Erwachsene eine gute Atmosphäre mit einer positiven Anleitung verbinden, sich selbst und die Situation benennen, und damit vorhersehbar sind. Dadurch lernt das Kind den Erwachsenen kennen und kann sich in ihn einfühlen. Die Fähigkeit zu verhandeln wird bei fortgeschrittener Sprachentwicklung durch ein positives Vorbild der Erwachsenen vermittelt.

Das Kind kann mit verschiedenen Persönlichkeiten umgehen:

Ein Kind benötigt Unterstützung bei der sozialen Orientierung. Wenn Erwachsene in hinreichendem Maß dem Kind helfen zu verstehen, was in einer gemeinsamen Situation anderen Personen vorgeht, lernt das Kind, dass Menschen verschieden sind und unterschiedlich (re-) agieren.

Das Kind entwickelt Vertrauen in die eigene Selbstdarstellung:

Wenn die Gesprächsbeiträge von Kindern ausreichend beachtet und bestätigt werden, entwickeln Kinder Zutrauen darin, dass es gut ausgehen wird, wenn es sich mit einer Idee oder einem Beitrag präsentiert.

Das Kind lernt sich besser kennen, indem es die Reaktionen anderer auf sich beachtet:

Ein Kind, das gelernt hat, die Initiativen anderer zu beachten, kann sich auch auf ein Feedback durch andere einlassen. Es lernt auf diese Weise, dass die Wirkungen seiner Initiativen unterschiedlich beantwortet werden. Aus den unterschiedlichen Antworten kann es lernen, die Initiativen auszuwählen, die am besten zur jeweiligen Situation passen.

Das Kind kann mit Verlieren und Enttäuschung zurechtkommen:

Ein Kind lernt den Umgang mit Enttäuschung durch Bezugspersonen, die in den entsprechenden Situationen dem Kind vermitteln, dass sie die Enttäuschung in diesem Moment verstehen und dass es auch viele andere Momente und Gelegenheiten gibt: „Neues Spiel neues Glück!"

Das Kind kann mit Gewinnen und positiver Erwartung zurechtkommen:

Ein Kind, das dabei unterstützt wurde zu lernen, positive Erfahrungen zu teilen, wird mit dem Gewinnen so umgehen, dass es den Erfolg mit anderen feiert. Es weiß aber auch, dass es nicht immer erfolgreich sein kann und kann so realistisch bleiben.

Das Kind kann die Freude anderer genießen:

Auch in diesen Situationen ist es eine Hilfe, wenn ein Kind die Erfahrung kennt, dass man von den guten Erfahrungen anderer profitieren kann, indem man daran anschließt und sich mitfreut, denn: „Geteilte Freude ist doppelte Freude".

Das Kind kann sich auf den Bewegungsrhythmus anderer einlassen.

Sich auf den Bewegungsrhythmus anderer einlassen zu können, gründet auf sehr frühen Erfahrungen aus dem leibhaftigen Dialog, dem „Tonusdialog" mit der Mutter. Diese Erfahrungen werden durch das Teilen und den gemeinsamen Ausdruck von Gefühlen gefestigt.
So kennt etwa jeder Fußballfan die gemeinsame Erfahrung, dass viele hunderte Arme in die Höhe schnellen, wenn die eigene Mannschaft ein Tor schießt.

Hinweise für eine konstruktive Gestaltung von Hausaufgabensituationen am Beispiel einer Mutter-Kind-Interaktion:

Hausaufgabensituationen sind häufig von Stress auf Seiten der Eltern und Kinder begleitet. Die nachfolgenden

Hinweise für Eltern und Betreuer stammen aus einer Jugendhilfeeinrichtung, die mit Marte Meo arbeitet:

Setze einen klaren Anfang mit gegenseitiger Abstimmung:

Mama guckt das Kind an. Kind guckt die Mama an. M. sagt: „So, jetzt fangen wir an". Das Kind kann sich auf die Situation einstellen.

Gib eine klare Anleitung, die den Ablauf strukturiert:

„Pack´ mal aus, dann siehst du was zu tun ist." Das Kind packt selber aus – damit wird vermittelt: Die Hausaufgaben sind meine Aufgaben und die Schulsachen sind meine Sachen.

Gib dem Kind Zeit, es selbst zu tun:

Ein Kind braucht Zeit, um die Aufgaben zu verstehen. M. beobachtet das Gesicht des Kindes, ob es signalisiert: „Jetzt habe ich es verstanden"- sie wartet ab bis dieses Signal vom Kind kommt, um dann weiterzumachen.

Teile neue Aufgaben in kleine Schritte ein und bestätige kleine Zwischenschritte:

Das Kind erklärt, wie es die Aufgabe bearbeiten würde. M. bestätigt: „Ja, so ist es richtig" – das Kind bekommt das Gefühl „Ich bin auf dem richtigen Weg" und bleibt so in einer guten Zusammenarbeit mit der Mutter. Bei schweren

Aufgaben ist es wichtig, auch kleine Fortschritte zu bestätigen (z.B. nach jedem geschriebenen Buchstaben), damit das Kind motiviert bleibt und sich als erfolgreich erlebt. M.: „Ja, genau so ist es gut."

Schließe jeden Arbeitsschritt erfolgreich ab:

Nach jeder bewältigten Aufgabe den Arbeitsschritt benennen und erfolgreich abschließen etwa so; M.: "Jetzt hast du den Satz richtig verbessert, so stimmt`s, jetzt kannst du dir den nächsten Satz anschauen, was da gemacht werden muss". Das gibt dem Kind Bestätigung, Struktur und hilft ihm weiter zu kooperieren.

Praktiziere ein Respektmodell:

M. sagt: „Gib mir mal dein Federmäppchen", anstatt es einfach zu nehmen und vermittelt damit: „Das sind deine Sachen und deine Aufgaben und ich respektiere das". Das Kind kann sich dann leichter für seine Sachen verantwortlich fühlen. Es lernt auch andere Menschen und deren Angelegenheiten zu respektieren.

Benenne Problemlösestrategien:

M. spricht darüber, wie sie über die Aufgabe nachdenkt: „Oh, so ist das gemeint, man soll es dreimal schreiben." Das Kind bekommt so ein Modell, wie man Unklarheiten angeht und Probleme durch Kommunikation lösen kann.

Es ermutigt das Kind, bei Schwierigkeiten nicht gleich aufzugeben.

Bewege dich auf der Verständnisebene des Kindes und beachte das Tempo des Kindes:

Das Kind wird mit seinen Ideen zur Lösung der Aufgabe wahrgenommen: „Du meinst, es muss nur ein Satz geschrieben werden". Das Kind wird mit einbezogen und erlebt sich als wichtig und kompetent. Die Erwachsene hält sich an das „Verstehenstempo" des Kindes und überprüft durch einen Blickkontakt: Hat das Kind es schon verstanden? Erst dann erfolgt eine neue Anleitung.

Folge einer Ablenkung und führe die Aufmerksamkeit zurück:

Das Kind schaut die Bilder an der Wand an und ist abgelenkt: M. folgt dem Kind und sagt:
„Ah! Das sind die Bilder! Und jetzt kannst Du wieder auf dein Heft schauen." Das Kind lernt so seine Aufmerksamkeit selbst zu steuern und zurückzuführen.

Freue dich mit dem Kind über Erfolge:

„Das hast Du geschafft, prima!" Schöne und erfolgreiche Momente zu erleben, diese zu benennen und miteinander teilen, hilft dem Kind eine positive Erwartung für die nächste Hausaufgabensituation zu bekommen.

Checkliste für Videoberatungen (Reviews) Hinweise für Beraterinnen und Berater

Die nachfolgende Liste dient der Selbsteinschätzung von Kompetenzen für Berater, die mit Marte Meo arbeiten. Detaillierte Kommentare dazu finden sich im Marte Meo Handbuch (Aarts 2011, 109-134).

Mache einen emotionalen Einstieg

Mache einen klaren Anfang

Sorge für günstige Rahmenbedingungen

Nimm einen geeigneten Sitzplatz ein

Erkläre den Aufbau des Review Prozesses

Benenne den Ablauf Schritt für Schritt

Wiederhole die Fragen, Sorgen, Wünsche oder den letzten Arbeitskontrakt mit dem Klienten

Zeige geeignete Bilder, um die Informationen zu vermitteln

Schau die Eltern/Betreuer an, wenn Du mit ihnen sprichst

Warte auf eine Reaktion

Widme dem Klienten Deine Aufmerksamkeit, wenn er spricht

Aktiviere einen Dialog

Rege einen Entwicklungsschritt an

Beachte die emotionalen Initiativen der Eltern/Betreuer

Benenne Gefühle

Sorge dafür, dass Du mit der Technik zurechtkommst

Setzte jedem Thema einen klaren Anfang und ein klares Ende

Benenne Dein eigenes Tun

Setzte jeden Ausschnitt in den passenden Zusammenhang

Teile die neuen Informationen präzise und anschaulich so mit, dass sie umsetzbar sind

Benutze die Interaktionsanalyse zur Informationsvermittlung

Verbinde das unterstützende Elternverhalten mit den Entwicklungsschritten des Kindes

Unterstütze passende Äußerungen der Eltern und bestärke sie

Hilf den Klienten, die neuen Informationen einzuordnen

Passe Deine Stimme der Situation an, z.B. emotional, sachlich, kooperativ, bestimmt usw.

Beende die Sitzung.

Vorschläge für Mustervereinbarungen über den Umgang mit Videoclips

Nachfolgend finden sich Formulierungsvorschläge für Vereinbarungen über den Umgang mit dem Videomaterial, das für Marte Meo genutzt wird. Sie berücksichtigen die Tatsache, dass die Arbeit mit Videoaufnahmen von Klienten hohen juristischen und berufsethischen Standards unterworfen ist.
Zu den juristischen Standards gehören Persönlichkeitsrechte wie das Recht am eigenen Bild und die Verpflichtung zum Schutz von Privatgeheimnissen (§ 203, StGB.) Die berufsethischen Standards verlangen einen besonderen Schutz der Personenwürde innerhalb der Beratungs- oder Therapiebeziehung. Diese beruht auf einem besonderen Vertrauensverhältnis, das den Umgang mit jedwedem Bildmaterial so wie mit anderen Dokumenten, die Klienten und die Beratungs-/Therapiebeziehung betreffen, einschließt. Die nachstehenden Formulierungen werden in der praktischen Marte Meo Arbeit verwendet. Sie sollten den jeweiligen Besonderheiten und Erfordernissen des Beratungs- oder Betreuungsverhältnisses angepasst werden. Der Verfasser kann keine Gewähr für eine in jedem Einzelfall korrekte fachlich / juristische Formulierung übernehmen.

Mustervereinbarung über eine Videoberatung

Liebe Eltern,

Ihr/e Berater/in hat mit Ihnen eine Videoberatung vereinbart. Die Videoberatung ist eine Beratung unter Zuhilfenahme von Videoaufnahmen von Ihnen und Ihrer Familie mit dem Ziel, Lösungsschritte für die von Ihnen beklagten Probleme zu finden. Nach den Aufnahmen analysiert Ihr/e Berater/in das Video, um Ihnen die bestmöglichen Hilfen zu bieten. In einer gemeinsamen Sitzung werden Sie dann Gelegenheit haben, mit Ihrem/Ihrer Berater/in das Video eingehend zu besprechen.

Aufgrund des § 203 StGB (Verpflichtung zum Schutz von Privatgeheimnissen) achten wir darauf, dass Ihre Videoaufnahmen nur von Ihrem/Ihrer Berater/in, deren Fachkollegen/innen und dem Supervisor gesehen werden dürfen.

Eine Nutzung des/der Videos zu anderen als zu Beratungszwecken, z.B. als Lehrfilm, bedarf Ihrer gesonderten Erlaubnis.

Die Videoaufnahmen sind Ihr Privateigentum. Nach Abschluss der Beratung werden die Aufzeichnungen gelöscht.

Auf Wunsch und gegen Erstattung der Kosten für einen Datenträger können Sie eine Kopie der Aufnahme erhalten.

Ohne Ihre Erlaubnis werden keine Kopien Ihres/Ihrer Videos erstellt oder behalten.

_____
Ort, Datum

_____
Unterschrift der Eltern

_____
Unterschrift der Berater/in

Mustervereinbarung über die Überlassung von Videobildern als Lehr- und Informationsmaterial

Einverständniserklärung

Hiermit erkläre ich mich bereit, die von
.... zusammengestellten

Video-Clips aus der Beratung wegen
.... zu Ausbildungs- und

Lehrzwecken zur Verfügung zu stellen. Mir wurde zugesichert, dass die o. g. Videoclips ausschließlich anonymisiert genutzt werden.

....
Ort, Datum

....
Unterschrift

Marte Meo Weiterbildungen

Die Bezeichnung Marte Meo ist eine geschützte Marke. Die Weiterbildungen sind von Marte Meo International zertifiziert und folgen definierten Standards, die im Marte Meo Handbuch Kap. 6 festgelegt sind (Aarts 2015).

Eine Marte Meo Weiterbildung erfolgt als ein „Training on the Job" und setzt eine praktische Tätigkeit des Auszubildenden in einem psychosozialen Arbeitsfeld voraus. Marte Meo Weiterbildungen erfolgen in 3 Stufen, die jeweils mit einem bei Marte Meo International gelisteten Zertifikat abgeschlossen werden.

Marte Meo Practitioner

Diese erste und grundlegende Weiterbildungsstufe besteht in einer fundierten Einführung in das Marte Meo Modell entwicklungsunterstützender Kommunikation. Diese wird durch die Supervision von Videoaufnahmen aus der eigenen praktischen Tätigkeit eingeübt, so dass ein Lernen am eigenen Vorbild möglich wird. Sie umfasst im Regelfall 6 Tage.

Marte Meo Therapist / Marte Meo Fachberater/in

In dieser Ausbildungsstufe wird die beobachtungsgeleitete Beratungs- und Coachingarbeit gelehrt. Wesentliche Inhalte sind: Die Durchführung von Reviews (Beratungen oder Coachings) mit Klienten (Therapist) oder Kollegen (Fachberater; engl. „Collegue Trainer"). Dazu gehört die Auswahl geeigneter Videoclips für die Beratungen, sowie die Planung und Durchführung von Videoberatungen in unterschiedlichen Arbeitssituationen unter Supervision. Das Zertifizierungskriterium für diese Ausbildungsstufe ist die Präsentation eines Marte Meo Videoberatungsverlaufes und der Nachweis mit Marte Meo 4 – 6 Beratungsprozesse erfolgreich begleitet zu haben. Die Abschlusspräsentationen werden nach dem Vier-Augen-Prinzip von einem lic. Supervisor bestätigt. Der Weiterbildungszeitraum umfasst in der Regel 12 Tage.

Marte Meo SupervisorIn

Bei dieser Weiterbildung handelt es sich um die Ausbildung der Ausbilder. Das Zertifizierungskriterium sind 4 - 6 erfolgreich abgeschlossene Weiterbildungsverläufe zum Marte Meo Therapist / Fachberater/in. Diese Weiterbildung wird durch einen von Marte Meo International lizenzierten Supervisor durchgeführt. Bei lizenzierten SupervisorInnen handelt es sich um SupervisorInnen, die von Marte Meo International ausgesucht werden und für die Qualitätssicherung in den Weiterbildungen verantwortlich sind.

Anmerkungen

---

[1] Marte Meo wird derzeit in mehr als 40 Ländern weltweit bei unterschiedlichen psychosozialen Projekten genutzt.

[2] Eine recht aktuelle Übersicht findet sich auf www.nmmi.de

[3] Isager, M (2009)

[4] In diesem Text wird die männliche Geschlechtsbezeichnung gewählt. Dies geschieht hier lediglich aus Gründen der Lese- und Schreibökonomie, denn es muss in diesem Zusammenhang ebenfalls hervorgehoben werden, dass die weitaus meisten Marte Meo Fachkräfte Frauen sind.

[5] Dazu zählen die Veröffentlichungen von Bünder et al., sowie die bisherigen eigenen Veröffentlichungen (siehe Literaturverzeichnis), aber auch eine Reihe von Forschungsliteratur und Literatur zu Projekten aus dem skandinavischen und englischsprachigen Raum.

[6] Henningsen, J. (1969). Jürgen Henningsen war Professor für Erziehungswissenschaften, Kabarettregisseur und Schachmeister.

[7] Verwandte Konzepte sind das Konzept der Urheberschaft (Stern 1992) und das Konzept der Selbstwirksam-

keit (Bandura 1979). Zudem besteht eine Korrespondenz zu dem, was Antonovsky (1997) mit Kohärenzgefühl bezeichnet hat. Dieses Gefühl Verstehbarkeit, Handhabbarkeit und Sinnhaftigkeit dessen, was erlebt wird, ist demnach die Grundkomponente der Entstehung seelischer Gesundheit (Salutogenese).

[8] Vgl. C. Hawellek, (2005) Ein-Sichten. Marte Meo in der Erziehungs- und Familienberatung, 61ff. In: C. Hawellek, v. Schlippe, A. (Hg.): Entwicklung unterstützen – Unterstützung entwickeln. Systemisches Coaching nach dem Marte Meo Modell (S. 56-72). Göttingen. V & R.

[9] Der Wachstumsgedanke steht im Zentrum verschiedener Formen der Humanistischen Psychologie z. B. bei der Gestalttherapie der Gesprächspsychotherapie der TZI und dem Psychodrama.

[10] Hier ist natürlich an die Lerntheorie und die daraus entstandene Verhaltenstherapie zu denken.

[11] In den letzten Jahren wurde der Gedanke der Reifung insbesondere vom systemischen Elterncoaching nach den Konzepten des Gewaltlosen Widerstandes und der Elterlichen Präsenz von Haim Omer, Arist v. Schlippe u.a. in die Fachdiskussion eingebracht. Es bildet eine Gegenthese zu einer sozialtechnologischen Machbarkeitsideologie und verweist ähnlich wie der Wachstumsgedanke auf die Nicht – Instruierbarkeit von natürlichen Systemen.

[12] Der Chiasmus „Entwicklung unterstützen – Unterstützung entwickeln" setzt ein dialogisches Geschehen, also immer ein Miteinander voraus. Man kann auch sagen, dass beides dann eine „Gestalt", einen ganzheitlichen Ausdruck bildet, ähnlich dem Tanz eines Paares.

[13] Seitdem Hirnforscher die Spiegelneuronen und mit ihnen die physiologischen Grundlagen von Empathie und Mitgefühl entdeckt haben, wird auch wissenschaftlich erfassbar, in welchem Ausmaß Bilder und Filme das Erleben und Mitfühlen ermöglichen (siehe z.B. Bauer 2009).

[14] Das Verhältnis von Fähigkeit und Fertigkeit entspricht dem Verhältnis von Kompetenz und Performanz.

[15] vgl. dazu ausführlicher Hawellek (2012).

[16] Siehe dazu Kap. 3.

[17] vgl. dazu die Ausführungen zu „Prozessmodellen zur mikroanalytischen Erfassung von Problem- und Lösungskonstrukten" (Hawellek 2011, 170f.).

[18] Die verschiedenen auf Gesprächen beruhenden Therapie- und Beratungsverfahren wurden im Laufe ihrer Weiterentwicklung durch unterschiedlichste darstellende und erlebnisaktivierende Verfahren erweitert. Diese entstam-

men überwiegend den Humanistischen Therapieformen und der Systemischen Therapie.

[19] So nutzten die Väter der Psychoanalyse neben der Erinnerungsarbeit ihrer Patienten das Life - Geschehen im Behandlungsraum, d.h. das was sich zwischen dem Patienten und Therapeuten abspielte, für ihre Deutungsarbeit.
Das Bedürfnis nach einem Feedback über die Qualität beraterischer und therapeutischer Dialoge entstand mit der zunehmenden Verbreitung von Therapieverfahren und der zunehmenden Professionalisierung von auszubildenden Beratern und Therapeuten.
Systemische Therapeuten postierten Kollegen hinter Einwegspiegeln, um ein Feedback über die Abläufe in den Therapiesitzungen zu bekommen und um passende Interventionen vorzubereiten. In diesem Zusammenhang ist besonders die Mailänder Schule von Selvini-Palazzoli und ihren Mitarbeitern erwähnenswert.
Später wurde das Feedback auch in den Therapieraum verlegt. Eine Gruppe von Kollegen, die das Gespräch mit den Klienten im gleichen Raum mitverfolgten, aber nicht direkt mit dem Klienten, sondern untereinander über das sprachen, was sie über das Gespräch des Kollegen mit dem Klienten dachten, gaben ihr Feedback nach festgelegten Regeln. Es entstand die Arbeit mit dem „Reflecting Team", das vom norwegischen Psychiater Tom Anderson ins Leben gerufen wurde.
Heute gehört das Videofeedback zum normalen Instrumentarium bei der Ausbildung und Qualifizierung von an-

gehenden Beratern und Therapeuten verschiedenster Couleur.

Einer der ersten, der ein technisches Feedbacksystem in die professionelle Beratung und Therapie einführte, war Carl Rogers. Er und später seine Schüler nutzten Tonbandaufnahmen, um die Qualität der klientenzentrierten Beratung zu überprüfen und weiter zu entwickeln. In den siebziger Jahren wurde die „Konfrontation mit dem Fernsehbild" ebenfalls in gruppentherapeutischen Verfahren in den USA genutzt (Alger 1972).

[20] Ein Überblick über die Entwicklung der videobasierten Methoden findet sich bei Aarts (2009) so wie bei Bünder et al. (2009).

[21] Siehe dazu Hawellek (2014): Einladung zum Perspektivwechsel. Die Möglichkeiten der Marte Meo Methode in Beratung und Psychotherapie. In: Familiendynamik 1/2014, 38 – 49.

[22] C. Hawellek (1997). Von der Kraft der Bilder. In: Systhema (2). S. 125 – 135.

[23] Vgl. dazu C. Hawellek (2006). „Kleine Monster". Marte Meo Elterncoaching mit Eltern von Babys und Kleinkindern. In: C. Tsirigotis, A.v.Schlippe, J. Schweitzer -Rothers (Hgs.). Coaching für Eltern. Mütter, Väter und ihr „Job" (195 – 204). Heidelberg. Carl – Auer.

[24] Vgl. C. Rymann Soler (2014). Implementierung der Marte Meo Methode in eine Einrichtung für Menschen mit Einschränkungen am Beispiel der Stiftung Wagerenhof, Uster, Schweiz. In: Marte Meo Magazine Juni 2014 (1-7)

[25] Im Gegensatz zu verbalen Informationen, die überwiegend im Frontallappen des Gehirns und dann im deklarativem Gedächtnis verarbeitet werden, ist bei der Verarbeitung und Speicherung von bildhaften Szenarien das prozedurale Gedächtnis mitbeteiligt.

[26] Schon die Lebenserfahrung zeigt, dass Erinnerungen von verschiedensten Umständen abhängen und durch Lebensereignisse auch gravierend verändert werden können. Dass unsere biographischen Erinnerungen auf die jeweils aktuelle subjektive Wirklichkeit abgestimmt werden, hat schon Berger (1973) sehr anschaulich dargelegt.

[27] Siehe Hawellek (1995). Das Mikroskop des Therapeuten.

[28] Dieser Befund wurde auch als „Zeigarnik – Effekt" bekannt.

[29] Einen Sonderfall bilden hierbei traumatische Erinnerungen.

[30] Siehe dazu Aarts et al. (2014).

³¹ Siehe dazu die lesenswerte Arbeit von Omer et al. (2007): Feindbilder- Psychologie der Dämonisierung.

³² Eine der ersten Formulierungen dieser Einsicht findet sich bei Aristoteles, der den Menschen als *zoon politikon,* als ein soziales und politisches Wesen bestimmt. Dem entsprechen einschlägige Befunde etwa aus der Antropologie Adolf Portmanns die verdeutlichen, dass der Mensch ohne die enge Fürsorge der Gemeinschaft nicht lebensfähig ist.

³³ In diesem Zusammenhang sind besonders die Arbeiten Sterns und der Papoušeks von Bedeutung.

³⁴ Es ist besonders auch aus evolutionsbiologischer Perspektive verständlich, dass Verhaltensweisen die dem Überleben der Art dienen, wie Fortpflanzung und angemessene Fürsorge, biologisch vorprogrammiert und damit relativ abgesichert sind.

³⁵ Stern spricht in diesem Zusammenhang vom „impliziten Wissen", das nicht auf Strategien oder Überlegungen zurückgreift, sondern einfach „funktioniert", ohne dass die einzelnen Verhaltensweisen reflektiert werden. Es gutes Beispiel hierfür ist der sog. „Babytalk", der den Kommunikationsvorlieben der Babys genau entspricht. So wird ca. 25 cm. Abstand bei der Face to Face Kommunikation eingehalten und eine ausgeprägte, gegenüber einer normalen Kommunikation übertriebene Modulation von Prosodik und

Mimik, sowie häufige Wiederholungen und Variationen an den Tag gelegt.

[36] Stern hebt ebenfalls hervor, dass die intuitive Abstimmung auf das Baby nicht im Sinne der psychoanalytischen Denktradition „unbewusst", sondern eben als „implizit" zu charakterisieren sei. Beim Unbewussten im psychoanalytischen Sinne handele es sich um „verdrängte", also vom Bewusstsein zensierte Inhalte. Das implizite Wissen rufe dagegen intuitiv gesteuerte Abläufe ab (Stern 2010, 123ff.).

[37] Das entspricht den gestalttheoretischen und -therapeutischen Einsichten, dass „geschlossene Erlebnisgestalten" in den Erlebnisstrom zurückfließen und nicht besonders erinnert werden, während „offene Gestalten" oder auch „unerledigte Geschäfte" (Perls 1969,1976) die Menschen dauerhaft beschäftigen können und somit auf ihre Schließung drängen.

[38] David Myers (2003): Negative versus positive topics in psychological journal articles 1887-2001

9760 on „anger"   vs.   1021 on „joy."
65531on „anxiety"   vs.   4129 on „life satisfaction."
79154 on „depression"   vs.   3522 on „happyness."
20868 on „fear"   vs.   781   on „courage."
207110 on „treatment"   vs.   31019 on „prevention".

Zusammengefasst stellt sich das Verhältnis zwischen problemorientierten Forschungsarbeiten und ressourcenorientierten Forschungsarbeiten als ein Verhältnis von nahezu 10:1.

[39] Dazu zählen alle neueren Konzepte der sozialen Arbeit und Psychotherapie, die auf das „Empowerment" des Klientels abzielen.

[40] Aarts (2010, 2014) spricht in diesem Zusammenhang gerne von einer „Goldmine", die den Menschen zur Verfügung stehe.

[41] Solche unspektakulären Beziehungserfahrungen bilden die wesentliche Grundlage der menschlichen Sozialisation: „Wir können von der Grundannahme ausgehen, dass die klinisch bedeutsamen Ereignisse und Momente aus den sehr kleinen, gewöhnlichen, alltäglichen, wiederholsamen, nonverbalen Ereignissen bestehen...Vielleicht stellen sie sogar die einzigen menschlichen Vorgänge überhaupt dar, die zu Beginn für den Säugling existieren" (Stern, 1998, 79).

[42] Im nachfolgenden Text werden die sog. Marte Meo Elemente *kursiv* hervorgehoben. Daran wird auch deutlich, wie sie sich in den schnellen Routineabläufen des Alltags quasi „verstecken".

[43] Auf diese Weise können die einzelnen Momente zu informativen „Gegenwartsmomenten" (Stern 2009) werden. Auf das Konzept des Gegenwartsmomentes wird noch näher in Kap. 3. eingegangen.

[44] Dies ist keineswegs so selbstverständlich, wie es auf den ersten Blick aussieht. In der Arbeit der sozialpädagogischen Familienhilfe beispielsweise ist häufig eine Rollenklärung erforderlich, um die Verantwortungsbereiche der Eltern und der Familienhelfer unterscheiden zu können.

[45] Keine Mutter und kein Vater kann seinem Baby durchweg Aufmerksamkeit zollen. Das ist schon deshalb nicht erforderlich, weil gesunde Babys über ausgezeichnete Mittel verfügen, die Aufmerksamkeit ihrer Bezugspersonen auf sich zu lenken. In diesem Zusammenhang ist von hinreichender Aufmerksamkeit für die kindlichen Initiativen die Rede. Das, was im konkreten Falle hinreichend ist, hängt vom Entwicklungsstand des Kindes und der aktuellen Befindlichkeit der Beteiligten ab. Eine produktive elterliche Haltung hat D.W. Winnicott (1989) in seinem Konzept der „hinreichend guten Mutter" (Good Enough Mother) treffend beschrieben.

[46] Derartige Kontaktmomente sind das Fundament von Bindungserfahrungen (Grossmann/Grossmann (2004).

[47] Siehe dazu auch die Ausführungen Riemanns (1972) zur „schöpferischen Distanz" als entwicklungsgeschichtliche Voraussetzung der Kreativität.

[48] Aus der Babyforschung ist bekannt, dass sich Babys im ersten Lebensjahr besonders intensiv mit dem Studium von Gesichtern und Gesichtsausdrücken beschäftigen und dabei eine Expertise im Gesichterlesen entwickeln (Stern 1992), die lebenslang erhalten bleibt.

[49] Ein Grundlagenwerk zu diesem Thema bildet die Schrift Martin Bubers „Ich und Du", die als ein Meilenstein in der neueren Philosophiegeschichte gesehen werden kann. Zum Thema der klinischen und entwicklungstheoretischen Bedeutung von Unterscheidungen und Grenzziehungen vgl. ausführlich: Hawellek (1992) Das Konzept der Grenzen. Zur Bedeutung eines Arbeitsbegriffs in Theorie und Praxis der Therapie mit Kindern und Familien.

[50] Dieses Wechselspiel, das „Turn-Taking" bildet den Grundrhythmus aller konstruktiven Kommunikation (Hawellek 2012 67ff.).

[51] In der Fachterminologie wird in diesem Zusammenhang von der Entwicklung von „Selbstkompetenz" gesprochen.

[52] Siehe dazu auch die Arbeiten von Haim Omer et al. (2004, 2012) zur elterlichen Präsenz sowie unsere Ausfüh-

rungen zu Mikroperspektiven elterlicher Präsenz (Hawellek 2013, 210 – 230).

[53] Dieser Gedankengang wurde von D.W. Winnicott, einen der Väter der modernen Kinderpsychotherapie in seinen Ausführungen über die „good enough mother" überzeugend dargelegt.

[54] Loth, W. (1998).

[55] Damit sind z.B. übende Therapieformen wie Krankengymnastik oder Logotherapie, nicht aber Psychotherapie gemeint.

[56] Siehe auch Hawellek (2012), S.41ff.

[57] Je nach dem Arbeitsfeld, in dem Marte Meo genutzt wird, sind die Bezeichnungen für diejenigen, die eine Marte Meo Weiterbildung abschließen, unterschiedlich. Als erstes wird gelernt, die Marte Meo Informationen über entwicklungsunterstützendes Verhalten im eigenen Arbeitsbereich anzuwenden. Diese Ausbildungsstufe bildet die Grundlage aller weiteren Lernschritte und heißt: „Marte Meo Practitioner". Je nach Arbeitsbereich wird der nächste Ausbildungsschritt als „Marte Meo Therapist" und /oder „Marte Meo Collegue Trainer" bezeichnet. Nach einem solchen Abschluss können Fachleute, die andere in der Methode weiterbilden möchten „Marte Meo Supervisor" werden (Siehe Arbeitsmaterialien).

Da Marte Meo ein internationales Netzwerk mit Sitz in Eindhoven (Niederlande) ist, werden in den zertifizierten Weiterbildungen die englischen Bezeichnungen verwendet. In ihrem Handbuch hat Aarts (2015, Kap.6) die Kriterien für die einzelnen Zertifizierungsstufen genauer beschrieben.

[58] M. Aarts (2011), S.110ff.

[59] M. Aarts: „Von der Botschaft hinter den Problemen" in: Hawellek, v. Schlippe (2005) 37 – 55.

[60] Dazu wurden verschiedene Entwicklungschecklisten erstellt (siehe Teil 2 Arbeitsmaterialien).

[61] Damit ist besonders die Phase der Sprachentwicklung gemeint.

[62] Diese Vorgänge, sich in andere hineinzuversetzen und ihre innere Welt zu erkunden, werden in der psychotherapeutischen Fachsprache auch als „Mentalisierungen" bezeichnet.

[63] Die Bilder sind damit auch Dokumente des „impliziten Beziehungswissens" (Stern 2009), das weitgehend automatisch abgerufen wird und den Erwachsenen hilft, passend zu reagieren. In der Regel sind die Erwachsenen erstaunt darüber, wie viel förderliches Verhalten sie zur Verfügung haben, ohne es bewusst auszuüben.

[64] Die Technik der Videointeraktionsanalyse wird in den Weiterbildungen zum Marte Meo Berater vermittelt und eingeübt.

[65] Vgl. dazu Hawellek (2012) S. 13ff.

[66] Siehe dazu: Aarts, Hawellek, Rausch, Schneider, Thelen (2014): Marte Meo: Eine Einladung zur Entwicklung, sowie Aarts, Rausch (2009): Mir fällt nix ein. Marte Meo Kommunikationstraining.

[67] In der Literatur zu Marte Meo ist auch von „freien" und „strukturierten" Situationen die Rede.

[68] Marte Meo Berater präsentieren die Bilder mit Videointeraktionsanalysen und heben dabei die einzelnen Aktionen und Reaktionen von Eltern und Kindern in verlangsamter Form hervor. Dadurch helfen sie den Eltern die Zusammenhänge zwischen ihren Verhaltensweisen und den (Re-) Aktionen der Kinder zu sehen und zu verstehen.

[69] Siehe M. Aarts (2011), S. 125ff.

[70] Das was in der Familientherapie unter der Bezeichnung „Joining" i.S. von Anschluss finden bekannt ist, bezeichnet Aarts gerne als „coffee, cookies and the dog." Damit ist eine leichte Konversation zu Beginn einer Beratung gemeint, die dabei helfen soll die Berater und Klienten „an-

zuwärmen" und so den Einstieg in das eher problemorientierte Beratungsthema zu erleichtern.

[71] Siehe Ferenczi (1999).

[72] Hawellek, (2015): Beratung auf Augenhöhe. Zum Lernen und Lehren beobachtungsgeleiteter Beratung nach der Marte Meo Methode.

[73] Vgl. Hawellek, Meyer zu Gellenbeck (2005). Die Kunst der kleinen Schritte. In: Hawellek, v. Schlippe (2005).

[74] Dabei benutzt Marte Meo - ganz zeitgemäß - das Informationsformat des „Visual Storytelling." Im Blick auf die Beratungs- und Coachingarbeit werden die neuen Storys gemeinsam von Beratern und Klienten entwickelt, so dass sich auch von einem „Visual Storydevelopment" sprechen lässt.

[75] Vgl. Aarts et al. (2014), S. 46.

[76] Dies entspricht der verhaltenstherapeutischen Definition des „Verhaltensmangels" von erwünschten Fähigkeiten, z.B. bei isolierten Kindern bzw. des „Verhaltensexesses" von unerwünschtem Verhalten, z.B. bei ADHS- Kindern.

Literatur

Aarts, M. (1995). Aus eigener Kraft -Systhema 10 (1) S.29-34.
Aarts, M. (1996). Marte Meo Guide - Harderwijk: Aarts Productions.
Aarts, M. (2009, 2011,2015). Marte Meo Handbuch - Eindhoven: Aarts Productions.
Aarts, M. (2002). Marte Meo Programme For Autism - Harderwijk: Aarts Productions.
Aarts, J. (2007) Marte Meo Methode für Schulen. Entwicklungsfördernde Kommunikationsstile von Lehrern. Förderung der Schulfähigkeit von Kindern. Eindhoven: Aarts Productions.
Aarts, M., Rausch, H. (2009). Marte Meo Kommunikationstraining - Mir fällt nix ein. Eindhoven: Aarts Productions.
Aarts, M., Loosli, T. (2011). Marte Meo Elterncoaching. In: Kommunikation und Kinder Teil 1 Nr.87 Juni.
Aarts, M. (2012). Marte Meo Programm für Autismus (Buch mit DVD) Eindhoven: Aarts Productions.
Aarts, M.,Hawellek, C., Rausch, H., Schneider, M., Thelen, C. (2013). Marte Meo: Eine Einladung zur Entwicklung. Eindhoven: Aarts Productions.

Alger,I. (1973). Konfrontation mit dem Fernsehbild in der Gruppentherapie. In: Sager, C. Kaplan, H. Handbuch der Ehe-, Familien- und Gruppentherapie Bd.1, München: Kindler.

Axberg, U. u.a., (2006). The Development of a Systemic School - Based Intervention: Marte Meo and Coordination Meetings. In Family Process, Vol 45/3.

Becker, U. (2009). Marte Meo - Auf die Beziehung kommt es an. In: Pflegen/Demenz 12.

Berger, P.L. (2011). Einladung zur Soziologie S. 73-86. Stuttgart. UTB.

Berther, C. Loosli, T.N. (2015). Die Marte Meo Methode. Ein bildbasiertes Konzept unterstützender Kommunikation für Pflegeinteraktionen. Bern. Hogrefe.

Borke, J., Hawellek, C. (2011). Trotz- entwicklungspsychologische und klinische Perspektiven. In Keller, H. (Hg.) Handbuch der Kleinkindforschung, Huber: Bern.

Bünder, P., Sirringhaus, A., Helfer, A. (2006). Praxisbuch Marte Meo - Eigenverlag

Bünder, P. (2007). Theoriebuch Marte Meo, Kölner Verein für systemische Beratung, Eigenverlag.

Buber, M. (1995). Ich und Du. Reclam. Stuttgart.

Bünder, P., Sirringhaus-Bünder, A. Helfer, A. (2009). Lehrbuch der Marte Meo Methode. Entwicklungsförderung mit Videounterstützung. Göttingen V & R.

Bünder, P. (2011). Entwicklungsförderung von Risikokindern und ihren Eltern mit Hilfe von Videoberatung nach der Marte Meo Methode. In: Praxis der Kinderpsychologie und Kinderpsychiatrie 5, 60. Jahrg.

Clarke, Corcoran, Duffy (2011). The Dynamics of Sharing Professional Knowledge and Lay Knowlegde / A study of parents´and professionals´ experiences of childhood interventions within a Marte Meo framework. Dublin Citiy University May.

Elling, C. (2005). Die Chancen der Marte Meo Methode bei der Vermittlung von Kindern in Pflegefamilien, Marte Meo Magazine, 3.

Ferenczi, S. (1999). Ohne Sympathie keine Heilung. Das klinische Tagebuch von 1932. Fischer. Frankfurt.

Geupel, B. (2006). Verbindungen schaffen zwischen Mutter und Kind nach der Trennung der Eltern, Ein Beispiel aus der Kinderpsychotherapie Systhema 20. Jahrg., 1.

Grossmann, K., Grossmann, K.E. (2004). Bindungen – das Gefüge psychischer Sicherheit. Klett – Cotta. Stuttgart.

Hawellek, C. (1992). Das Konzept der Grenzen. Zur Bedeutung eines Arbeitsbegriffs in Theorie und Praxis der Therapie mit Kindern und Familien. Peter Lang Frankfurt, Berlin, Bern, New York, Paris, Wien.

Hawellek, C. (1995). Das Mikroskop des Therapeuten - Systhema 10 (1) pp. 6-28.

Hawellek, C. (1997). Von der Kraft der Bilder - Systhema 12 (2) pp. 125 – 135.

Hawellek, C. (2000). Die Nutzung von Videointeraktionsanalysen in der Arbeit mit depravierten Familien. Vortrag auf der 47. Arbeitstagung österreichischer JugendamtspsychologInnen. Wien: Eigenverlag S. 68 – 89.

Hawellek, C. (2006). Kleine Monster - Marte Meo Coaching für Eltern von Babys und Kleinkindern - LAG Horizonte 3.

Hawellek C., v.Schlippe, A.(Hgs.) (2005). Entwicklung unterstützen – Unterstützung entwickeln Systemisches Coaching nach dem Marte Meo Modell. V& R. Göttingen.

Hawellek, C., Rolfes, W. (2004). Frühe Erziehungsberatung - LAG Info 2 (Informationen der Niedersächsischen Landesarbeitsgemeinschaft für Erziehungsberatung).

Hawellek, C., v. Schlippe, A. (2008). „Good Enough" – Counseling. In: Borke, J., Eickhorst, A. Systemische Entwicklungsberatung in der frühen Kindheit, Facultas, Wien.

Hawellek, C. (2009). Marte Meo in der Erziehungs- und Familienberatung: Konkrete Hilfe zur Bewältigung des pädagogischen Alltags. Marte Meo Newsletter.

Hawellek, C. (2011). „Sich beobachten heißt sich verändern". In: Schindler, H., Loth, W. v. Schlippe, J. Systemische Horizonte. V&R. Göttingen.

Hawellek, C. (2012). Entwicklungsperspektiven öffnen. Zu den Grundlagen der Marte Meo Methode. V&R Göttingen.

Hawellek, C. (2013a). Mikroperspektiven elterlicher Präsenz.
Beiträge der Marte Meo Methode zum Konzept der elterlichen Präsenz.
In: Grabbe, M., Borke, J., Tsirigotis, C. (Hgs.). Autorität, Autonomie und Bindung.
Die Ankerfunktion bei elterlicher Präsenz, (S. 210 – 230). Göttingen V& R.

Hawellek, C., (2013b). Marte Meo im therapeutischen Dialog mit einem behinderten Jugendlichen. In: Aarts, M., Hawellek, C. Rausch, H., Schneider, M., Thelen, C. Marte

Meo: Eine Einladung zur Entwicklung. (175 – 189). Eindhoven: Aarts Productions.
Hawellek, C. (2014). Einladung zum Perspektivwechsel. Die Möglichkeiten der Marte Meo Methode in Beratung und Psychotherapie. In: Familiendynamik 1.
Hawellek, C. (2014). Videobasierte Beratung u. Therapie in: Levold,T., Wirsching, M. (Hgs.) (2014). Systemische Therapie und Beratung. Das große Lehrbuch. Heidelberg Carl - Auer.
Hawellek, C. (2016). Beratung auf Augenhöhe. In: Rohr, D., Hummelsheim, A., Höcker, M. Beratung lehren. Erfahrungen, Geschichten, Reflektionen aus der Praxis von 30 Lehrenden. Beltz Juventa, Weinheim.
Holtmeyer, C. (2006). Evaluation der Marte Meo Arbeit in der Erziehungsberatung. Diplomarbeit Uni Osnabrück, Fachbereich Humanwissenschaften, Lehreinheit Psychologie, Fachgebiet Klinische Psychologie. Unveröffentlicht.
Isager, M. (2016). Marte Meo Konkret, Entwicklungs- und Sprachförderung in Beispielen, BoD Norderstedt.
Isager, M., Becker,U (o.D.) Marte Meo – Aus eigener Kraft: Eine Einführung in das Konzept, In: Themenheft transferplus/ Heft 2.
Lävermann, U. , Strobl, Ch. (2006). Eltern-Coaching systemisch, lösungsorientiert, ressourcenorientiert Systhema 4.
Loosli,T. (2011). Marte Meo und ADHS: Mit Marte Meo Entwicklungsunterstützungsmomente im gewöhnlichen Alltag nutzen. Mitteilungsblatt der Schweizerischen Fachgesellschaft ADHS Ausgabe 30 Juni 2011.

O´Donovan, C. (2003). An Account of Training 2001 - 2002. The Marte Meo Projekt. Marte Meo Newsletter (26) 4 – 16.

Øverheide, H., Hafstadt, R. (1996). The Marte Meo Method and Developmental supportive Dialogues. Harderwijk, Aarts Productions.

Paegle, M. (2005) .- „Marte Meo i familjehem". Fritt tolkat fraen en artikel i tidningen Marte Meo Magazine 2005/3, Vol. 32. Excerpt in Swedish language of the article by Christoph Elling : „Die Chancen der Marte Meo-Methode bei der Vermittlung von Kindern in Pflegefamilien". Marte Meo Magazine 2007/1, Vol. 36, S. 26-27.

Papoušek, M. (2001). Intuitive elterliche Kompetenzen. Frühe Kindheit (4) 4 - 10

Rausch, H. (2011). Die Kraft der Bilder nutzen. Erfahrungen einer Marte Meo Therapeutin in der Arbeit mit Kindern und Jugendlichen. In Familiendynamik Heft 3/2011, 36. Jahrgang.

v. Schlippe, A. Schweitzer, J. (2012). Lehrbuch der systemischen Therapie und Beratung 1 u. 2. Göttingen V&R.

Sirringhaus/Bünder, A. et al. (2001). Die Kraft entwicklungsfördernder Dialoge. Das Marte Meo Modell im Praxisfeld Erziehungsberatung. In: v. Schlippe et al (Hgs). Frühkindliche Lebenswelten und Erziehungsberatung. Die Chancen des Anfangs. Münster: Votum.

Tsirigotis, C., v. Schlippe, A., Schweitzer-Rothers, J. (Hgs.) (2006) Coaching für Eltern Carl-Auer Verlag, in: Schlippe, A., Schweitzer-Rothers, J (2007). Lehrbuch der systemischen Therapie und Beratung. Göttingen: V & R.

Seligmann, M. (2003). Der Glücks-Faktor. Warum Optimisten länger leben. Bergisch-Gladbach: Ehrenwirth.

Stern, D. (1998). Die Mutterschaftskonstellation. Stuttgart: Klett-Cotta.

Ulma, B., Marte Meo in der Altenarbeit: Erste Erfahrungen Marte Meo Magazine, 2005/2, p. 13 (2005). Aarts Productions, Harderwijk.

Vik, K., Braten, S. Video Interaction Guidance inviting Trancendence of postpartum depressed Mothers`self centered state and holding Behavior. In: Infant Mental Health Journal, Vol. 30(3), (2009). Michigan Association for Infant Mental Health: Published online www.interscience.wiley.com.

Winnicott, D.W. (1994). Die menschliche Natur. Stuttgart Klett – Cotta.

Wirtberg, I. (2004). Handlungsfeld, Forschung und die Kunst der Kooperation. Kooperation und Marte Meo Hilfswerkzeuge für Kinder mit Interaktionsstörungen in der Schule. In: Psychische Gesundheit 1, Schwedische Vereinigung für Psychische Gesundheit (Deutsche Übersetzung: Christian Hawellek, erhältlich auf Nachfrage www.nmmi.de).

Zenter, M. (1993). Passung: Eine neue Sichtweise psychischer Entwicklung. In: H.G. Petzold (Hg.) (1993). Frühe Schädigungen - späte Folgen? Psychotherapie und Babyforschung.

Marte Meo and the care of elderly, Marte Meo Newsletter 11/1996. Aus dem Englischen: Chr. Hawellek.

Zum Autor:

Dr. phil. Christian Hawellek, Dipl. päd. gehört als lic. Marte Meo Supervisor zum Leitungsteam des Norddeutschen Marte Meo Institutes.
Christian Hawellek ist Ehe-, Erziehungs- und Familienberater so wie Kinder- und Jugendlichen Psychotherapeut und verfügt über langjährige Erfahrungen in der psychotherapeutischen- und Beratungsarbeit mit Kindern, Familien und Paaren.
Er zählt zu den Pionieren der Marte Meo Methode im deutschsprachigen Raum und ist als Lehrbeauftragter an verschiedenen Universitäten und als Fachreferent im In- und Ausland tätig.
Er ist als Herausgeber und Autor verschiedener Bücher und Fachartikel zu den Themen Beratung, Therapie und Coaching bekannt geworden und hat sich in den letzten Jahren schwerpunktmäßig der beobachtungsgeleiteten Beratung nach der Marte Meo Methode gewidmet.